전설의 대도둑과 세기의 탈주극

Soledad Romero Mariño & Julio Antonio Blasco

**솔레다드 로메로 마리뇨 &
훌리오 안토니오 블라스코** 지음
문성호 옮김

AK TRIVIA BOOK

22

시애틀 행
보잉
727
하이잭
사건

수수께끼의 남자가 비행기를 하이잭,

현금 20만 달러를 손에 넣고 낙하산을 이용해 뛰어내리다.

28

소시에테 제네랄 은행
니스 지점,
하수도를 통해
습격받다.

날이 밝자 니스 지점은 텅텅 비었다.

유일하게 남아 있던 것은 범인이 남긴 통렬한 메모.

「무기도, 폭력도, 증오도 없다」

46

해커가
시티 뱅크를
공격

러시아 청년이 세계의 은행 시스템을 위태롭게 하다.

58

놀라운 공학 기술이 사용된 브라질 사상 최대의 습격 사건.

브라질
중앙은행
포르탈레자
지점
강도 사건

50

월드
다이아몬드
센터 사건

이탈리아 절도단, 세계 최고 수준의 보안 시스템을 뚫고 1억 달러 상당의 보석을 훔쳐내다.

66

모험가
카사노바,
베네치아의 피옴비 감옥에서 탈출하다.

70 상자에 포장되어 도망친 노예

번뜩임과 용기로 주인에게서 벗어 나 자유를 얻다

노예 제도가 없는 지역으로 스스로 를 배달한 그 방 법이란?

90

죄수 3명이 교도소의 보안 을 돌파.

전설로 남을 대탈주!

알카트라즈
대탈주

98 38명 영웅들의 역사적인 탈출극

몇 개월에 걸쳐 비밀리에 작전을 계획

몬테비데오의 카빌도 교도소에서 터널과 하수도를 이용, 여성 수감자들 이 탈옥하다.

76

믿을 수 없는 탈출극

나무총을 들이밀다!

전설의 은행 강도, 나무총 하나로 교도소에서 도주하다.

84

탈출의 명수 알프레드 '후디니' 하인즈, 사라지다

몇 년 동안 엄중한 경비를 자랑하는 교도소 3곳에서 탈출.

유죄 판결을 받은 보석 강도 사건에 대해서는 계속해서 무죄를 주장하다.

106

열기구로 동독을 탈출

동독의 두 가족, 하늘을 날아 서독으로 도망치다.

118

세계 제일의 마약왕, 알티플라노 교도소의 독방 샤워실에서 탈출해 세계를 놀라게 하다.

엘 차포 탈주

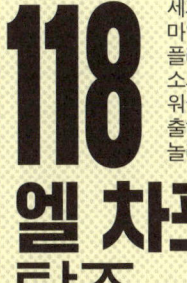

114 요가로 탈출

한국 도둑의 믿을 수 없는 탈출극. 요가 기술로 독방의 틈새를 빠져나오다.

LE GRAND·PARISIEN

5 cent. | SUPPLÉMENT **LITTÉRAIRE** ILLUSTRÉE | **5 cent.**

Seizième année · LUNES, 21 DE AGOSTO DE 1911 · Nº 779

아무도 모르게 루브르 미술관에서 《모나리자》를 도난당하다.

《모나리자》 루브르 미술관에서 사라지다

이탈리아인 목수가 대낮에 미술관에서 《모나리자》를 가져가다

미술계의 악명 높은 도난 사건 때문에 화가 파블로 피카소가 체포되다

언제:	어디서:	누가:	무엇을:	재판:
1911년 8월 21일	루브르 미술관 (프랑스)	빈센조 페루자	《모나리자》 다른 이름 《라 조콘다》	감옥 생활은 겨우 1년 15일. 자신이 가지고 있는 동안 《모나리자》를 소중히 다루었기에 사람들에게 사랑을 받았다.

범행 계획

빈센조 페루자

페루자는 지문을 남기지 않기 위해 흰 장갑을 착용할 만큼 치밀한 도둑이 아니었다. 미술을 좋아했던 것도 아니었으며, 읽고 쓸 줄도 몰랐다. 이탈리아 롬바르디아주(州) 두멘차 마을의 빈곤한 가정에서 태어난 그는, 더 좋은 장래를 꿈꾸며 조국을 떠나 프랑스로 갔다.

파리에서 지낸 몇 년은 고난의 연속이었고, 약간의(하지만 악질인!) 도둑질도 저질렀다. 하지만 그 후에는 좋은 손재주를 살려 목수가 되었다.

루브르 미술관 전 종업원

1910년, 도난 우려가 있는 작품을 유리로 보호하기 위해 루브르 미술관은 목수 4명을 고용했다.

이 일을 맡은 가구 장인 중 한 명이 빈센조 페루자였다. 페루자는 동료들과 《모나리자》를 비롯해 몇 개의 작품에 유리 보호 케이스를 장착했다.

미술관 경비의 허술함

미술관의 경비가 허술하다는 것을 눈치챈 페루자는 이런 일의 프로가 아님에도 간단히 작품을 훔쳐낼 수 있으리라 생각했다. 이곳 루브르에서 일을 해본 경험이 있기에 더욱 그랬다. 여기에 아주 약간, 운만 따라준다면, 그것으로 충분했다.

경비가 허술해지는 월요일

청소나 복구 작업을 위해, 월요일은 미술관의 폐관일이었다. 방문자가 없는 이 날은 작품 촬영을 자주 하기도 했다. 관내의 미술 작품을 지키는 것은 경비원 10명뿐. 그래서 페루자는 월요일에 '위업'을 달성하기로 결의했다.

평범한 목수가 미술관 경비의 허점을 찌르다.

1911년 모나리자 도난 사건의 범인, **빈센조 페루자.**

루브르 미술관 전시실 '살롱 카레(사각형 방)'에 있는 《모나리자》의 전시 공간이 텅 비어 있다.

이탈리아의 보물

관내의 수많은 작품 중에서 페루자가 《모나리자》를 선택한 데에는 이유가 있었다. 고향 이탈리아의 화가 레오나르도 다빈치의 작품이며, 53×77cm의 작은 사이즈였기 때문이다. 어떤 전문가가 이 작품을 '루브르 미술관의 보물'이라 평가했던 것도 들었다. 무엇을 숨기랴, 이 명화는 당시 전문가들 사이에서만 인정받는 작품이었다.

> 당시에는 소수의 전문가들만이 이 걸작의 진가를 알아보았다.

작품

《모나리자》는 프란체스코 델 조콘도가 피렌체의 화가 레오나르도 다빈치에게 의뢰한 그림이다. 조콘도는 사랑하는 아내, 아름다운 리자 게라르디니의 초상화를 이 천재 화가가 그려주기를 바랐다.

다빈치는 4년의 세월에 걸쳐 멋진 《모나리자》를 완성했다. 하지만 그 후, 화가는 작품을 조콘도에게 넘겨주지 않았다.

목제 패널에 유화 물감으로 그린 이 초상화는 다빈치의 혁신적인 기법과 특유의 신비로운 분위기로 관람객의 눈길을 사로잡아왔다.

리자의 미소와 시선은 어딘가 불안해 보이며, 또렷하지 않은 배경에도 수수께끼가 많다. 그곳이 어디인지 다빈치는 아무에게도 말하지 않았다.

16세기 초 《모나리자》는 프랑스 왕실의 손에 들어갔다. 나폴레옹 보나파르트도 이 작품을 자신의 방에 장식했었다.

프란체스코 델 조콘도의 아내, **리자 게라르디니의 초상화** 《모나리자》(이탈리아 어로 '리자 부인'이라는 뜻), 혹은 《라 조콘다》라는 이름으로도 알려져 있다.

범행 과정, 단계별 분석

**페루자는 그 누구의
협력도 없이,
의심받지 않고, 혼자서
《모나리자》를 가져갔다**

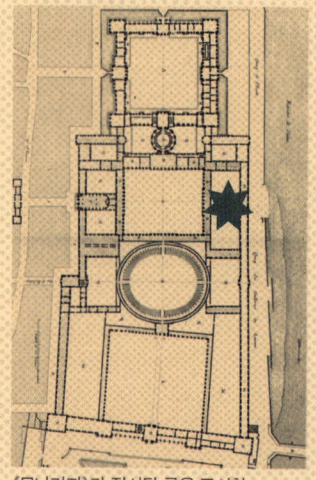

《모나리자》가 전시된 곳을 표시한
루브르 미술관 평면도.

1. 미술관에 침입하다

루브르에서의 작업이 끝난 지 몇 개월이 지났음에도, 페루자는 8월 21일 월요일 아침 일찍 하얀 작업복을 입고 태연하게 미술관에 들어갔다.

유리 설치 장인으로 일했던 덕분에 의심받지 않았다.

2. 《모나리자》를 훔치다

관내의 전시실 몇 개를 지나 '살롱 카레'에 도착했다. 한쪽 벽에 《모나리자》가 무방비하게 전시되어 있었다. 자물쇠 다루는 법을 숙지해 두었던 페루자는 손쉽게 《모나리자》를 벽에서 떼어내 비스콘티 계단까지 옮겼다. 그후 그림을 덮고 있던 유리를 그곳에 버리고, 액자에서 그림을 꺼내 천으로 감싸더니 상쾌한 얼굴로 미술관 정문을 빠져나갔다.

3. 미술관을 뒤로하다

페루자는 그 누구의 시선도 끌지 않고 레오나르도 다빈치의 명화를 품은 채 집으로 돌아갔다.

아침 8시, 무식하고 보잘 것 없던 목수는 사상 최대의 미술품 절도를 해 냈다.

4. 루브르 미술관이 혼란에 빠지다

작품을 분실했음이 발각된 것은 다음 날이 된 후였다. 발견자는 《모나리자》를 모사하던 프랑스인 화가 루이 벨로.

처음에 경비원들은 도난당했다고는 생각하지 않았다. 루브르는 대혼란에 빠졌으나…, 파리 제일의 미술관 벽에서 레오나르도 다빈치의 작품이 사라져버린 것은 변하지 않는 사실이었다.

경찰, 수사에 착수하다

미술 역사상 최대의 도난 사건

8월 22일 오전 11시, 루브르 미술관은 도난 신고를 했다.

사건은 커다란 뉴스가 되었으며, 경찰은 루브르 미술관을 봉쇄하고 필사적으로 그림을 찾았다. 하지만 《모나리자》가 사라진 지 이미 몇 시간 이상 경과했고, 사건 당시의 일을 정확하게 기억하는 사람은 없었다.

미술계는 대혼란에 빠졌다.

수사의 시선

최초로 의심을 받은 것은 페루자였다. 루브르 미술관에서 일했던 페루자는 파리에 막 왔을 때 사소한 절도 사건을 몇 번 저질렀기에 경찰 기록에 남아 있던 것이다. 심지어 액자를 분리할 때 묻은 왼손 엄지손가락 지문도 남아 있었다.

하지만 이때는 행운이 그의 편을 들어주었다. 당시 경찰은 오른손 지문만 채취했었다. 즉, 페루자의 왼손 지문이 남아 있다 해도 아무런 도움이 되지 않았던 것이다.

수사는 난항을 겪었고, 경찰은 닥치는 대로 단서를 좇았다. 시인 기욤 아폴리네르와 그의 친구 화가 파블로 피카소까지 용의선상에 올랐다.

> **오랫동안 행방을 알 수 없었기에, 《모나리자》는 세상에서 가장 유명한 회화가 되었다.**

한 때 《모나리자》가 걸려 있던 텅 빈 벽을 보기 위해 수많은 사람들이 루브르 미술관을 찾아왔다. 이때 미술관은 최고 방문자 수 기록을 경신했다.

또, 이 초상화를 도둑맞은 결과, 돈을 벌기 위해 가짜 《모나리자》가 수없이 제작되었다.

하지만 사실 《모나리자》는 계속 파리의 소박한 아파트에 숨겨져 있었다. 겁이 나서 어떻게 해야 좋을지 알 수 없었을 것이다. 빈센조 페루자는 이 작품을 침대 밑에 소중히 보관해두었다. 그리고 마치 아무 일도 없었던 것처럼 검소한 생활을 이어갔다.

파블로 피카소는 용의자 중 한 명이었다. 시인 아폴리네르도 의심을 받았다.

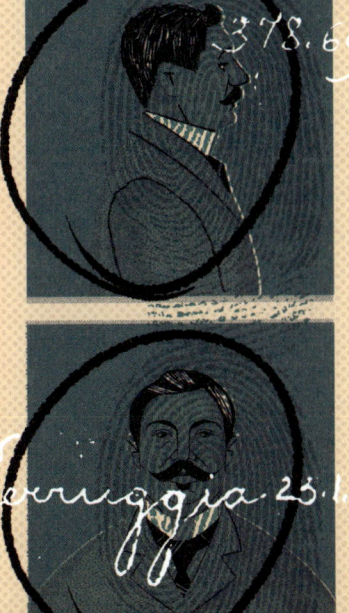

《모나리자》를 훔친 범인, **빈센조 페루자**. 파리 경찰의 사진.

피렌체 우피치 미술관의 관장 일행은 〈모나리자〉를 팔러 온 페루자를 배신했다.

최종적으로 《모나리자》는 **루브르 미술관으로 돌아갔고**, 현재도 방탄유리로 보호 중이다.
세계에서 가장 유명한 회화가 된 《모나리자》를 한 번 보기 위해 매년 수백만 명이 루브르를 방문한다.

《모나리자》를 되찾다

애국심이 화근이 되어 페루자는 교도소로

사건 2년 후, 자신의 전리품을 세상에 내놓을 생각을 하게 된 페루자는, 르네상스 시기 화가들의 작품을 다수 구입했던 이탈리아 피렌체의 우피치 미술관 앞으로 편지를 썼다. 《모나리자》를 이탈리아에 돌려주고 싶다며, 페루자는 '레오나르도'라는 가명을 사용해 호소했다.

처음에는 무시했으나, 이윽고 미술관은 페루자에게 답장을 보내 그를 피렌체로 초대했다.

《모나리자》를 슈트케이스에 담아 열차를 타고 피렌체로 향한 페루자는 싸구려 호텔의 한 방으로 미술관 관계자를 불렀다. 방을 찾아온 사람은 곧바로 이것이 장난이 아니라는 사실을 깨달았다.

목수의 낡아빠진 슈트케이스 안에는 틀림없는 진짜 《모나리자》가 들어있었다!

배신

우피치 미술관 관장 일행은 이탈리아 국내 미술관에 전시하겠다고 페루자에게 약속하고서 《모나리자》를 가져갔다.

하지만 그들은 가난한 목수를 배신하고 경찰에 신고했다. 이렇게 《모나리자》를 이탈리아에 돌려주려 했던 세상 물정 모르는 도둑의 꿈은 덧없이 스러졌다.

재판

페루자는 1년하고도 15일 동안 이탈리아의 교도소에 수감되었다. 루브르 미술관의 '살롱 카레'로 돌아간 《모나리자》는 세계에서 가장 유명한 미술 작품이 되었다.

영화

1931년 작 『모나리자의 실종 Der Raub der Mona Lisa』은 빈센조 페루자의 슬픈 사건을 소재로 한 코미디 드라마이다.

GLASGOW TIMES

Jueves, 8 de agosto de 1963   No. 18,556

평화로운 마을에서……

글래스고 열차 강도

복면 쓴 강도단,
현금 자루 120개를 실은
열차를 약탈

피해액 260만 파운드.
전설의
열차 강도 사건!

우편 열차 강도의
단서를 찾는
런던 경시청.

범행 계획

'극비 정보' 알아채… 무명 도둑의 재능

브루스 레이놀즈, 런던 출신 (1931~2013)

싸움이 끊이지 않는 가정에서 어린 시절을 보낸 레이놀즈는 10대가 되자마자 문제를 일으키기 시작했다.

청년이 된 후에는 런던 근교를 돌아다니며 장사와 도둑질을 반복하면서 크게 한 탕 하는 것만 생각했다. 이윽고 당연하게도, 그는 교도소에 들어갔다.

달람 교도소

레이놀즈는 같은 방 남자에게서 인생을 크게 변화시킬 어떤 극비 정보를 얻게 되었다. 현금이 가득 든 자루를 글래스고 시내 은행에서 런던까지 운반하는 야간 열차가 있다는 것이다.

그야말로 레이놀즈가 그때까지 계속 찾아 헤매던 기회였다. 이때부터 몇 년 동안 그는 감옥에서 영국 우체국(로열 메일)의 우편 열차를 습격할 계획을 세웠다.

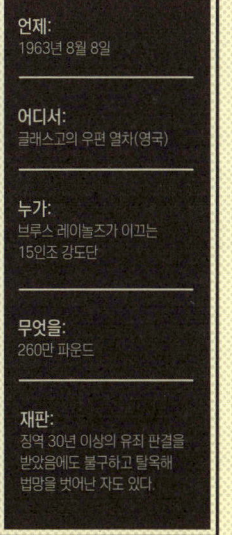

언제:
1963년 8월 8일

어디서:
글래스고의 우편 열차(영국)

누가:
브루스 레이놀즈가 이끄는 15인조 강도단

무엇을:
260만 파운드

재판:
징역 30년 이상의 유죄 판결을 받았음에도 불구하고 탈옥해 법망을 벗어난 자도 있다.

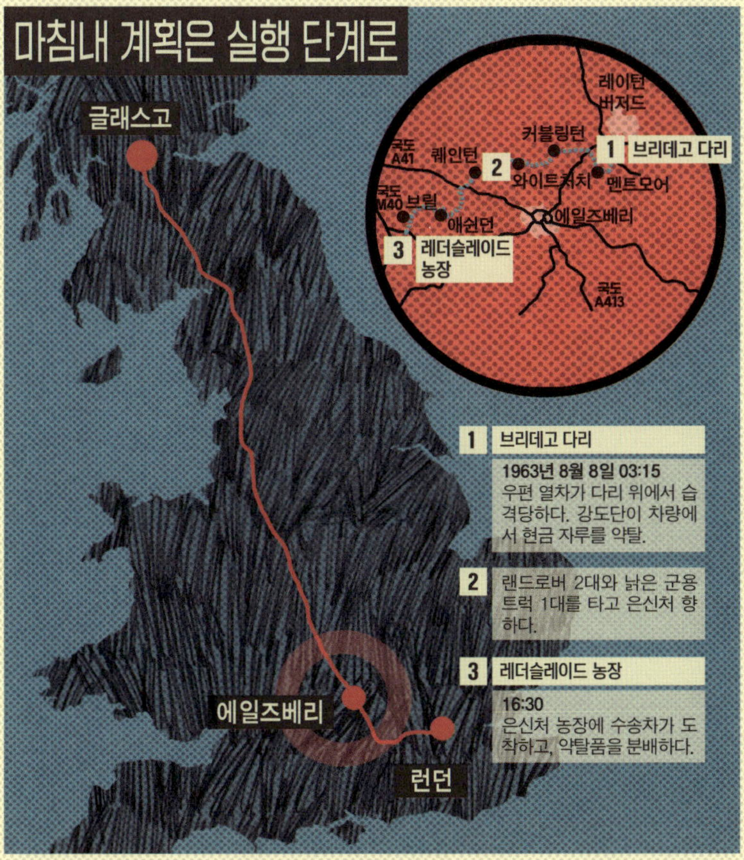

마침내 계획은 실행 단계로

글래스고

레이턴 버저드

국도 A41   웨인턴   2   커블링턴   1   브리데고 다리

와이트처치   멘트모어

국도 M40 브림   애쉬던   에일즈베리

3   레더슬레이드 농장

국도 A413

에일즈베리

런던

1   브리데고 다리

1963년 8월 8일 03:15
우편 열차가 다리 위에서 습격당하다. 강도단이 차량에서 현금 자루를 약탈.

2   랜드로버 2대와 낡은 군용 트럭 1대를 타고 은신처 향하다.

3   레더슬레이드 농장

16:30
은신처 농장에 수송차가 도착하고, 약탈품을 분배하다.

범행 과정, 단계별 분석

평범한 배터리로 열차를 멈추고 습격하다

열차 강도를 계획한 **브루스 레이놀즈**.

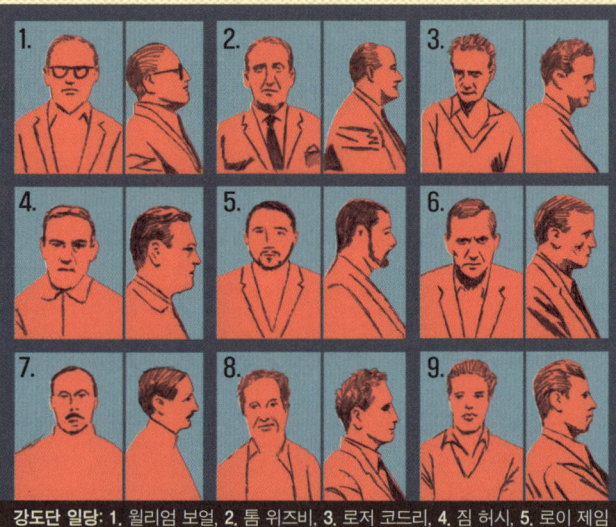

강도단 일당: 1. 윌리엄 보얼, 2. 톰 위즈비, 3. 로저 코드리, 4. 짐 허시, 5. 로이 제임스, 6. 밥 웰치, 7. 지미 화이트, 8. 로니 빅스, 9. 찰리 윌슨

1. 런던과 강도단

형기를 마치고, 브루스 레이놀즈는 출소했다. 드디어 감옥 안에서 세운 계획을 실행에 옮길 때가 왔다.

레이놀즈는 런던에서 우편열차에 관한 상세한 정보를 모으고, 강도단에 영입할 인재를 찾아 포섭하기 시작했다.

수완 좋은 악당들 14명이 선발되었다.

더글러스 고든(굿디), 로널드 에드위즈(버스터), 찰리 윌슨, 로니 빅스, 로이 제임스, 로저 코드리, 톰 위즈비, 짐 허시, 밥 웰치, 브라이언 필드, 레너드 필드, 지미 화이트, 윌리엄 보얼, 존 델리.

2. 은신처

몇 년에 걸친 준비 끝에 장대한 강도 계획의 채비가 갖춰졌다. 결행을 며칠 앞두고 일당은 작전의 거점인 은신처 레더슬레이드 농장으로 이동했다. 그곳은 오클리에서도, 범행 현장에서도 가까운 장소였다.

3. 습격의 밤

습격은 1963년 8월 8일로 결정되었다.

그 날 우편 열차가 평소 운송량인 30만 파운드를 아득히 상회하는 260만 파운드를 옮기기로 되어 있었기 때문이다. 이런 절호의 기회를 놓칠 수는 없었다.

4. 열차에 접근하다

12량 우편 열차에는 72명의 작업자가 탑승했다. 2호차에 현금 자루를 싣고 정각에 글래스고를 출발한 이 열차는 결국 목적지인 런던에 도착하지 못했다.

런던에서 50km 떨어진 지점에서 강도단은 신호기를 조정하는 배터리를 조작해 적색 신호로 바꾸었다. 그러자 열차가 멈추었고, 즉시 복면을 쓴 일당이 열차의 기관실에 돌입했다. 이에 저항하던 기관사가 머리를 맞았는데, 이것은 이 사건의 유일한 폭력 행위였다.

범인들은 배터리를 조작해 간단히 열차 신호기를 빨간불로 바꾸었다. 단순하지만 효과적인 작전.

이곳이 전설적인
강도 사건의 범행 현장,
브리데고 다리이다.

5. 런던과 강도단

강도단은 기관차와 현금 자루를 실은 2호차, 이 두 차량만을 분리해, 후속 차량들은 선로에 남겨둔 채로 출발했다.

2km 정도 달려, 열차는 동료들이 기다리는 브리데고 다리에 도착했다.

2호차의 문이 열리자 현금 자루들은 단 몇 분 만에 릴레이로 전달되어 대기 중인 트럭으로 옮겨졌다.

"30분 동안은 여기서 일어난 일을 신고하지 마라." 라고 작업자들에게 말하고 일당은 현장을 떠났다.

6. 은신처로 도망치다

강도단은 은신처로 향했다. 상황이 진정되기를 기다려 영국의 법망이 닿지 않는 먼 곳으로 도망치려 했다.

모든 것이 계획대로였다. 브루스 레이놀즈는 세기의 도둑질을 성공시킨 것이다.

강도단은 **겨우 몇 분 만에** 열차에 있었던 126개의 현금 자루 중 118자루를 트럭에 실었다.

사건 직후 며칠 동안 일당이 몸을 숨겼던 **레더슬레이드 농장**.

경찰, 수사에 착수하다

사소한 실수로 검거되어 교도소에 가게 되다

런던 경시청

경찰이 현장에 도착한 것은 사건 발생으로부터 45분 후. 일당은 증거 하나 남기지 않고 현금을 강탈했다. 불운하게도, 차량에 남아 있던 현금 자루는 겨우 8자루뿐. 로열 메일의 직원들은 당황했고, 절망했다.

전 세계의 신문이 이 사건을 다루었고, 런던 경시청은 특별 팀을 편성해 수사를 시작했다.

한편, 강도단은 레더슬레이드 농장에 숨어 피자를 먹으며 보드게임 <모노폴리>를 즐기고 있었다.

일당은 가짜 돈이 아니라 진짜 돈으로 <모노폴리>를 즐겼다.

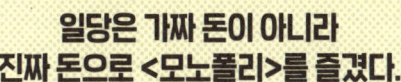
쓰레기 더미 속에서 강도단이 사용했던 <모노폴리>를 발견했다.

수사의 열쇠

현장에서 도주 시간을 확보하기 위해 일당이 작업자들을 입막음했던 30분, 이것이 런던 경시청에게는 최초의 단서였다.

경찰은 강도단이 이 30분 동안 몸을 숨겼으리라 생각하고, 현장 주변 지역으로 한정해 은신처를 수색했다.

<모노폴리>, 케첩 병, 맥주캔에 남은 지문.

런던 경시청은 잭 슬리퍼 경감을
특별기동분대 대장으로 임명해,
이례적인 수사 태세를 갖추었다.

은신처

날이 갈수록 수사가 삼엄해지면서, 중압감을 견딜 수 없게 된 강도단은 발각되는 것이 두려워 전리품을 나누어 갖고 허둥지둥 은신처를 떠났다.

농장 부근 주민들의 신고로 드디어 경찰은 은신처를 발견했다. 범인들이 여기저기에 지문을 남겨놓았을 뿐만 아니라, 빈 현금 자루까지 발견되었다. 이것은 그들이 범행에 관련되었음을 나타내는 틀림없는 증거였다.

재판

농장의 은신처에서 발견된 지문으로 범인을 찾아내는 것은 어렵지 않았다. 그들은 모두가 전과자였으며, 범죄 기록이 남아 있었기 때문이다.

범인들은 차례로 경찰에 체포되었다. 51일에 걸쳐 진행된 재판에서는 30년 이상의 징역형이 선고되었다. 단 한 명, 로니 빅스만이 탈옥해 사법부로부터 도망치는데 성공했다.

로니 빅스
악명 높은 도망자

체포되어 재판에 회부되었고 징역형을 선고받았으나, 원즈워스 교도소에 수감된 지 얼마 지나지 않아 탈옥에 성공했다. 프랑스, 스페인, 오스트레일리아를 경유해 멀리 브라질까지 도망쳤다.

그 후 31년간 가족과 함께 남미에서 살았으며, 영국에서 가장 유명한 도망자 중 한 명이 되었다. 2001년 스스로의 의사로 조국으로 돌아와 몇 년 동안 감옥 생활을 한 후에는 2013년 12월 18일 세상을 떠날 때까지 자유로이 살았다.

TV 드라마

2013년 작 『대열차강도The Great Train Robbery』는 이 유명한 강도 사건을 기초로 제작된 2부 구성 TV 드라마이다.

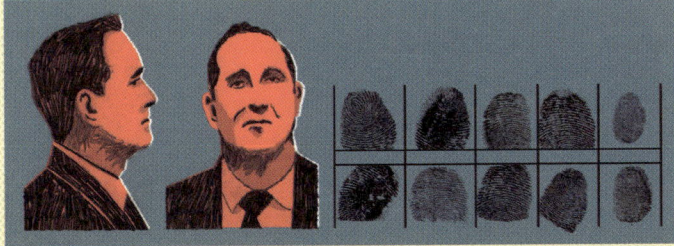

로니 빅스의 경찰 기록. 얼굴 사진과 좌우의 지문.

RENO EVENING GAZETTE

A Newspaper for the Home

Information and enjoyment for every member at the family

R – NO. 237　　　　　RENO, NEVADA. MIÉRCOLES, 24 NOVIEMBRE, 1971　　　　　PHONE FA 3-3161

사라진 20만 달러

시애틀 행 보잉727 하이잭 사건

수수께끼의 남자가 비행기 하이잭. 20만 달러의 현금을 손에 넣고 낙하산을 이용해 뛰어내리다.

그 '위업'은 경찰 조직에 대한 개인의 승리로 여겨지며, 범인은 전설이 되었다.

뒤쪽에 점프용 도어와 사다리가 달린 비행기는 **보잉727** 뿐. 범인은 그것을 알고 있었다.

언제:	어디서:	누가:	무엇을:	재판:
1971년 11월 24일	시애틀 행 보잉727-100(미국)	댄 쿠퍼 (항공권 구입 시에 쓴 이름)	20만 달러(20달러 지폐 1만 매, 약 2억 7800만 원)	범인 체포 실패

범행 계획

범행 계획에 관련된 데이터 없음.

범인은 발견되지도, 특정되지도 않았다. 즉, 이 사건에 관한 모든 정보는 그저 추측에 불과하다.

범행 과정, 단계별 분석

사상 최악의 강도 사건은 한 장의 시애틀행 항공권에서 시작되었다.

항공권을 들고 시애틀 행 보잉727기 탑승을 기다리는 **댄 쿠퍼**.

1. 포틀랜드 국제공항에서

1971년 11월 24일 추수감사절 전야, 보통 키에 검은색 슈트, 흰 셔츠, 넥타이, 로퍼 차림을 한 45세 정도의 남자가 포틀랜드 공항에서 시애틀 행 항공권을 구입했다. 총명한 이 남자는 스스로를 댄 쿠퍼라고 했다.

2. 305편을 타고 시애틀로

쿠퍼는 정각에 비행기를 타서 제일 끝자리에 앉았다. 좌석 번호는 18C. 그는 승객 36명, 승무원 6명과 함께 날아올랐다.

3. 메모

비행기가 이륙하자, 쿠퍼는 곧바로 객실 승무원에게 메모를 건넸다. 23세로 젊디젊었던 플로렌스 샤프너는 승객이 전화번호를 적어서 건네주었다고 생각하고, 그대로 종이를 집어넣었다.

하지만 메모를 준 남자는 그녀에게 말했다. "메모를 읽어. 난 폭탄을 갖고 있다." 객실 승무원은 메모를 꺼냈다. 메모에는 "서류가방 안에 폭탄이 있다. 여차하면 폭파시키겠다." 라고 적혀 있었다. 남자의 요구는 신권 20만 달러와 낙하산 4개였다.

지시에 따라 객실 승무원은 조종실로 갔고, 다른 승무원들에게 상황을 전했다. 쿠퍼는 검은 선글라스를 써 얼굴을 가리고 요구를 들어주기를 조용히 기다렸다.

> **"서류가방 안에 폭탄이 있다. 여차하면 폭파시키겠다."**

4. 명령

파일럿은 쿠퍼의 지시대로 시애틀의 관제탑에 연락해, 비행기가 하이잭되었으며 범인이 요구 사항을 제시했음을 보고했다.

이 보고는 곧바로 항공회사의 사장과 FBI (미연방수사국)에도 전달되었다.

승무원들이 받은 명령은 간단했다. 범인에게 협력할 것, 정말로 폭탄이 있는지 확인할 것.

5. 폭탄

쿠퍼는 폭탄이 든 서류가방을 열고 위협이 거짓이 아님을 보여주었다. 그리고 시애틀 국제공항에 착륙한 후 몸값과 낙하산을 어떻게 넘겨받을 것인지에 대해서도 자세하게 지시했다.

요구를 들어주지 않는다면 즉시 비행기를 폭파시키겠다.

6. 강탈품

쿠퍼는 신권 20만 달러와 낙하산이 지상에 준비되는 동안 시애틀 시가지의 상공을 비행하도록 명령했다.

지상에서는 시간과의 싸움이 펼쳐지고 있었으나 비행기 안은 너무나도 평화로웠다. 승객들은 아무것도 몰랐으며, 쿠퍼는 신사적인 태도로 돈을 지불하고 위스키 하이볼을 마시면서 담배를 피우고 있었다.

7. 시애틀 공항

17시 24분, 20만 달러와 낙하산 4개의 준비가 끝났다. 수동 개폐줄이 달린 낙하산은 지역 스카이다이빙 크루에서 조달했다. 지폐는 사진을 찍어 일련번호를 기록했다.

쿠퍼는 착륙을 허가했다. 17시 39분 착륙. 비행기는 경찰 저격수들에게서 멀리 떨어진 조용하고 어두운 활주로에 정지했다.

몸값과 낙하산은 항공회사 직원이 객실 승무원에게 넘겨주기로 했다. 넘겨받은 물건을 꼼꼼하게 점검하는 동안, 쿠퍼는 승객 36명과 객실 승무원 2명 중 한 명을 석방했다.

8. 고도 3000M

19시 40분, 비행기는 다시 이륙해 시애틀 공항에서 네바다주로 향했다. 쿠퍼는 고도와 속도 등의 비행 데이터를 세세하게 지정했다. 또, 기체의 후미 도어를 막지 말도록 지시하기도 했다.

보잉727은 후미 도어를 지닌 유일한 기종이었다.

한밤중의 격렬한 태풍 속에서 비행기는 고도 약 3000m로 비행하고 있었다. 쿠퍼는 5kg 무게의 지폐를 옷 속에 챙기고, 한 명 남아 있던 객실 승무원에게 다른 승무원이 있는 조종실로 들어가라고 명령했다. 드디어 때가 왔다. 대담무쌍한 강도는 지금 그야말로 터무니없는 범행을 성공시키려 하고 있었다.

9. 점프

다음 순간, 쿠퍼는 후미 도어를 열고 비행기에서 뛰어내렸다.

눈 아래에는 산, 빙하, 숲. 쿠퍼의 범행도 여기까지인 듯했다. 하지만…… 어떻게 된 일인지 그 후, 쿠퍼는 사라져버렸다.

쿠퍼가 객실 승무원에게 보여준 **서류가방** 안에는 다이너마이트와 전지, 구리선이 들어있었다. 후에 전문가는 이 폭탄이 가짜라고 결론지었다.

비행기의 후미에서 뛰어내린 쿠퍼의 눈 아래에는 워싱턴주의 광대한 산과 숲이 펼쳐져 있었다.

경찰, 수사에 착수하다

육군 소속 소형기가 보잉 727을 쫓았으나 격렬한 태풍으로 추적이 어려웠고, 낙하산으로 강하하는 쿠퍼의 모습을 포착할 수도 없었다. 2시간 반 후, 네바다 리노에 착륙한 보잉을 수많은 FBI와 지역 경찰이 포위했다. 기장은 20시 13분경 쿠퍼가 비행기에서 뛰어내렸음을 보고했다.

경찰은 단서를 찾기 위해 보잉에 올라탔다. 하지만 진주조개 핀이 달린 넥타이와 범인이 요구한 낙하산 4개 중 2개, 그리고 담배꽁초 8개를 발견했을 뿐이었다. 폭탄이 든 서류가방도, 지폐도, 남은 낙하산 2개도 보이지 않았다.

기내에서 발견된 것은 낙하산 2개와 검은 넥타이 뿐. 그 외에는 아무런 증거도 단서도 없었다.

목격자의 증언으로 경찰이 작성한 **쿠퍼의 몽타주.**

프로파일링과 몽타주

FBI는 1000명 이상의 용의자를 조사했지만 별다른 소득은 없었다. 항공역학과 스카이다이빙에 관한 지식이 있다는 점에서 처음에는 쿠퍼가 공군과 관계가 있는 것은 아닐까 여겨졌다. 하지만 최종적으로, 쿠퍼의 점프가 너무나도 무모했기에, 가설은 부정되었다.

수색

그 후 6주 동안 경찰은 쿠퍼가 착지했을 것으로 여겨지는 장소를 샅샅이 조사했지만 아무런 단서도 발견할 수 없었다.

몸값인 20달러 지폐 추적도 시도해 보았으나 실패로 끝났다.

FBI와 경찰은 **며칠에 걸쳐** 주변을 철저하게 수색했다.

수사종료

이 뉴스는 미국만이 아니라 **전 세계의 TV 뉴스에 보도**되었다.

〈NORJAC[노잭]〉. 이것이 FBI가 이 사건에 붙인 코드네임(암호명)이었다. 연방 수사관은 쿠퍼가 비행기에서 뛰어내렸을 때 사망했다고 결론을 내렸다.

하지만 시신이 발견되지 않았기에 설득력이 부족했다. 쿠퍼는 마치 마법에 걸린 것처럼 사라져버린 것이다. 다양한 가설이 제기되었으나, 결국 FBI는 백기를 들었다.

이리하여, 댄 쿠퍼는 대중의 우상이 되었다. 한 남자가 차원을 달리하는 용기와 우아함과 독창성으로, 멋지게 경찰 조직을 앞질렀기 때문이다.

보안 대책

이 사건이 계기가 되어 항공계는 커다란 변화를 겪었으며, 전 세계의 여객편과 공항의 보안 시스템이 재검토되었다.

공항에서는 금속탐지기가 항공 보안의 중요한 열쇠가 되었다.

하이잭 기체

보안 대책에 한층 더 힘을 쏟았음에도 불구하고, 사건 다음 해에는 보잉727이 3기나 쿠퍼와 매우 비슷한 수법으로 하이잭당했다.

그 후, 미국 연방 항공국은 보잉727 전 기종에 특수한 장치를 부착할 것을 의무화했다.

비행 중에 기체의 후미가 열리는 것을 막는 안전 레버는 '쿠퍼 베인'이라 불린다.

9년 후

사건 발생 9년 후, 쿠퍼가 남긴 것으로 여겨지는 유일한 흔적이 발견되었다. 1980년, 가족과 함께 피크닉을 즐기던 소년이 지폐를 하나 발견한 것이다. 너덜너덜해진 20달러 지폐 더미는 몸값 20만 달러 중 5800달러였다.

머윈 호수

루이스 강

노스웨스트 항공 305편의 비행 루트.

댄 쿠퍼가 착지했을 것으로 여겨지는 장소.

1980년 2월, 소년이 몸값 지폐를 발견한 장소.

8 km

밴쿠버 호수

밴쿠버

워싱턴

콜롬비아 강

와슈걸

윌라멧 강

포틀랜드

오레곤

댄 쿠퍼가 착지했을 것으로 여겨지는 지역의 지도.

22 Années N° 10 436 · 0,40   **22 PAGES**   MARTES, 20 JULIO DE 1976

nice-matin

LE GRAND QUOTIDIEN D'INFORMATIONS DU SUD-EST ET DE LA CORSE

DIRECTION. REDACTION. ADMINISTRATION :
214 Boulevard du Mercantour
06290 Nice Cedex 3 France

소시에테 제네랄 은행 니스 지점,
하수도를 통해 습격받다.

"무기도, 폭력도, 증오도 없다."

잊지 못할 강도 사건

알베르 스파지아리
일명 '베르'

스파지아리는 프랑스의 알프스 지방에서 태어나고 자랐다. 어렸을 때부터 사소한 악행을 거듭하면서 범죄의 재능을 갈고 닦았다. 최초의 도둑질은 여자친구에게 선물할 다이아몬드. 좀도둑에게도 낭만은 있었던 모양이다.

성인이 된 후에는 심장이 두근거리고 떨리는 일을 찾아서 전 세계를 여행했다. 베트남 전쟁 때는 낙하산 부대가 되어 싸웠으며, 프랑스에서는 비밀 군사 조직의 일원이 되었다. 군사 조직에서 수행한 비밀 활동으로 인해 체포되었고, 스파지아리는 교도소에서 괜찮은 휴가를 보내게 되었다.

비밀 군사 조직의 조직원으로서 활동하던 시절의 **머그샷**. 조직에 가담했기 때문에 교도소에 수감되었다.

언제:	어디서:	누가:	무엇을:	재판:
1976년 7월 16일~20일	소시에테 제네랄 은행 니스 지점(프랑스)	알베르 스파지아리와 동료들	현금, 보석 등 현재 가치로 1000만 유로	스파지아리는 재판 중에 창문으로 뛰어내린 다음, 바이크를 타고 도주

소시에테 제네랄 은행 니스 지점. 습격 뉴스가 보도되고 몇 시간 후, 대여 금고 소유자들이 자신의 재산을 확인하기 위해 지점에 나타났다.

범행 계획

평온한 생활

1974년, 교도소를 나온 알베르 스파지아리는 해변의 도시 니스에서 착실하게 생활하고 있었다. 사진 스튜디오를 경영하며 산장에서 아내와 보내는 나날. 하지만 너무나도 평온하고 변화가 없는 생활은 그의 성미에 맞지 않았고, 오래 지속되지 못했다.

번뜩임

어느 날, 소시에테 제네랄 은행 니스 지점의 어떤 은행원이 스파지아리와 친구들과의 저녁 식사 자리에서 별 뜻 없이 말했다. "은행 금고실 밑에 하수도관이 지나가더라." 그것이 모든 것의 시작이었다.

이때는 이 천진난만한 친구가 자신의 발언이 얼마나 중대한 결과를 불러오게 될지 알 도리가 없었다.

스파지아리는 상상의 나래를 펼쳐, 소시에테 제네랄 은행 니스 지점을 노린 거대한 계획을 세우기 시작했다. 바로 하수도에서 금고실 바닥까지 이어지는 터널을 파는 것. 이런 수법을 누가 상상이나 했을까!

하수도는 마세나 광장에서 소시에테 제네랄 은행 니스 지점 빌딩 까지 두 개의 거리를 횡단하며 지하를 지나가고 있었다.

모험에 대한 갈증이 평범한 전직 군인의 재능을 일깨웠다.

약 2개월에 걸쳐 **니스의 하수도**에 전장 13m의 터널을 수작업으로 파냈다.

범행 과정, 단계별 분석
하수도를 통해 은행을 습격하다

1. 보안

스파지아리는 우선 금고실의 보안 시스템이 드릴 소리를 감지할 수 있는지 확인했다. 은행의 대여 금고를 빌려서 한밤중에 울리도록 세팅한 대음량 알람 시계를 금고 안에 넣어둔 것이다.

그 결과, 알람 시계의 소리나 진동으로 보안 시스템이 발동하지는 않았다. 난공불락이라 여겨지던 이 금고실에는 아무런 보안 시스템도 없었다……. 계획대로 될지도 모른다. 길은 열려 있었다.

범죄의 프로를 20명 모아 장대한 계획을 세우는 일은 그리 어렵지 않았다.

2. 강도단

다음 단계로, 스파지아리는 강도단 멤버를 모으기로 했다. 마르세유의 마피아와 투옥 전에 소속되어 있었던 비밀 군사 조직의 옛 동료들에게 연락을 취했다.

3. 하수도를 이용한 터널

강도단은 2개월에 걸쳐 하수도에서 13m짜리 터널을 팠다. 그것은 냄새나고 힘든 작업이었다. 강도들은 무거운 도구를 끌고 하수도를 걸어갔고, 스파지아리의 빡빡한 지시 아래서 빈틈없이 일을 해나갔다.

4. 금고실에 도달

7월 16일 토요일, 드디어 금고실에 침입하는 데 성공했다. 주말이라 은행이 쉬는 날이었기 때문에, 급하게 금고를 뒤질 필요도 없이 매우 느긋했다. 파테*와 치즈, 프랑스 와인을 즐기면서, 뒤적뒤적 대여 금고들을 뒤져 보물을 선별해 나갔다. 너무나도 즐거운 주말 도둑질이었다.

이 습격이 세기의 강도 사건이 된 것에는 스파지아리의 수완과 빈정거리는 유머가 한몫했다.

*　간이나 자투리 고기, 생선살 등을 갈아서 밀반죽을 입혀 오븐에 구워낸 요리.

5. 강탈품

스파지아리는 "돈이 적은 금고나 개인 저축은 손대지 마라." 라고 명령했다. 가난한 사람들은 그의 타깃이 아니었다. 그 대신, 권력자들의 사진을 금고실 벽에 붙였다. 이렇게 그들에게로 세상의 시선을 돌리려 했던 것이다.

6. 도망

월요일, 소시에테 은행의 문이 열리기 직전에, 스파지아리와 동료들은 완전히 난장판이 된 금고실을 뒤로했다. 금고실 벽에는 "무기도, 폭력도, 증오도 없다." 라는 메시지가 남아 있었다.

약삭빠르고 침착한 스파지아리는 은행 금고실에서 느긋하게 쉬었고, 프랑스 와인까지 마셨다.

금고실 벽에 적은 메시지는 투표로 결정했다.

강탈품들은 정성스럽게 자루에 담겼고, 뗏목을 이용해 하수도를 따라 밖으로 운반되었다. 경찰은 아무런 흔적도 단서도 발견할 수 없었다.

영원한 미소를 지닌 남자 **스파지아리**는 재판 도중에도 결코 미소를 잃지 않았다.

경찰 수사, 그리고 재판

보통내기가 아닌 스파지아리에게 도둑질은 스릴 넘치는 모험일 뿐

경찰이 스파지아리와 어떻게 접촉했는지에 대해서는 다양한 설이 떠도는데, 어느 쪽이든 확실한 것은 전직 군인인 스파지아리가 체포당했을 때도 아무렇지 않아 했다는 것이다.

법정에서는 재판관을 웃음거리로 만들었으며, 엉뚱한 모험담을 이야기하거나 막연한 상상 속의 이야기를 꾸며냈다. 그렇게 사람들을 골탕 먹이며 재미있어 했던 것이다. 어느 날, 재판 중에 창문으로 뛰어내린 스파지아리는 차 위로 떨어진 후, 바이크에 올라타 도주했다.

길에는 동료가 바이크를 타고 대기 중이었다.

영화

호세 지오바니 José Giovanni 감독의 1979년 작 『하수구 속의 천국 Les Égouts du paradis』은 알베르 스파지아리의 깜짝 놀랄 만한 모험을 그린 프랑스 영화이다.

도망자

그 후, 스파지아리는 도망자처럼 살게 되었으며, 일상과는 거리가 먼 비밀 모험을 즐겼다. 몸을 숨기고 인터뷰에 응하고, 책을 썼으며, 악명 높은 지명수배범이 되었다.

스파지아리는 인터뷰에서 '은행의 돈에는 전혀 흥미가 없었다', '진짜 목적은 도둑질 그 자체에 대한 도전, 그리고 경찰과 재판소를 농락하는 것'이라고 말하기까지 했다.

재판하는 동안 그는 법정을 어슬렁거리며 돌아다녔고, 모든 질문에 어이없는 답변을 했으며, 진실과 거짓을 뒤섞은 통쾌한 이야기를 말했다.

스파지아리의 탈출극은 그야말로 전광석화였다. 알베르 스파지아리 본인과 그 아내 또한 두 번 다시 발견되지 않았다. 수많은 기록을 깨트린 대량의 전리품은 물론이다.

현대판 로빈 후드는 창문에서 뛰어내릴 때 밟았던 차의 소유주에게 사죄의 의미로 5000 프랑을 보냈다.

경비원이 3억 2000만 페세타 상당의 현금을 실은 장갑차를 훔치다

꿈의 도피행

엘 디오니
하룻밤 만에
무명 노동자에서
스페인 사상
최고의 벼락부자
도망자로

언제:
1989년 7월 28일

어디서:
마드리드(스페인)

누가:
디오니시오 로드리게스 마르틴
통칭 '엘 디오니'

무엇을:
3억 2000만 페세타

재판:
횡령죄로 기소되어
3년 4개월의 실형 판결

스페인의 경비 회사, 칸디 주식회사의 장갑차. 사건 당일, 엘 디오니는 이 회사의 경비원으로 일하고 있었다.

범행 계획

디오니시오 로드리게스 마르틴

일명 '엘 디오니'

엘 디오니는 의욕 가득한 청년이었다. 좋은 일을 해서 사회에 공헌하고, 법을 지키고 싶다고 생각했다.

경비원으로 커리어를 시작한 엘 디오니는 타고난 행동력과 노력으로 보디가드까지 올라갔다.

보디가드

엘 디오니는 스페인 국내에서 알아주는 보디가드였다. 그런데 어느 날, 호위하던 손님이 불의의 사고로 사망하고 말았다. 이 운명의 날 이후, 엘 디오니의 명성은 땅에 떨어졌다.

경비회사 칸디의 상사는 망설임 없이 그를 운전수로 강등시켰다.

장갑차의 핸들을 쥐다

운전수 엘 디오니가 최초로 맡은 일은 회사의 장갑차 운전이었다.

25만 페세타를 벌면서 고급 정장을 입었던 전직 보디가드 엘 디오니는 봉급 7만 페세타에 시시한 푸른색 유니폼 차림의, 봉급 7만 페세타짜리 운전수가 되었다.

카페테리아 '바레 델 나르세아'

이것은 그에게 엄청난 굴욕이었다. 보디가드로 돌아가기 위해, 엘 디오니는 모든 수단을 동원했지만 잘 되지 않았다.

풍문에 의하면, 화가 난 엘 디오니가 어느 날 카페테리아 '바레 델 나르세아'에서 동료에게 "장갑차를 훔쳐버리겠어." 라고 말했다고 한다.

바로 그 날 오후, 정의는 그의 손에 맡겨지게 된다.

화가 머리끝까지 난 엘 디오니는 동료에게 "장갑차를 훔쳐버리겠어." 라고 밝혔다고 한다.

엘 디오니는 퇴근하면 바에서 한 잔 마시는 것이 일상이었다.

범행 과정, 단계별 분석

1. 루트

그날 오후, 엘 디오니는 칸디 사의 동료 두 사람과 평소처럼 거리를 돌며 고객들의 금고를 회수하고 있었다. 하지만 실려 있던 현금은 평소보다 적었다. 실제로 전날에는 2배의 현금을 운반했다. 즉, 범행은 계획적이었다기보다는 충동적이었다고 생각할 수 있다.

2. 강탈

최후의 회수 장소 마요르카 제과점에서 동료가 매상금을 받기 위해 차에서 내린 틈을 타 엘 디오니는 장갑차의 핸들을 쥐고 그 자리를 떠났다.

간단히 큰돈을 벌 수 있는 방법이었다. 그는 동료를 버리고 현금을 가득 실은 차를 출발시켰다.

엘 디오니는 알베르토 데 알코세르 거리에 있는 마요르카 제과점 앞에 19시 15분부터 19시 45분 사이에 정차되어 있던 **장갑차를 탈취**, 마에스트로 라사예 거리까지 700m를 달렸다. 그곳에는 엘 디오니의 푸른 아우디80, 차량번호 'M-7682-DG'가 주차되어 있었다.

3. 마드리드 중심가를 빠져나가다

전직 보디가드는 중심가에서 자신의 차가 주차된 차고까지 장갑차를 달렸다. 회사의 무전기가 울렸고, 심장이 터질 것 같았지만 엘 디오니는 호출을 무시하고 계획을 강행했다.

자신의 차에 도착하자 3억 2000만 페세타가 든 자루를 트렁크에 싣고 장갑차를 길가에 버렸다.

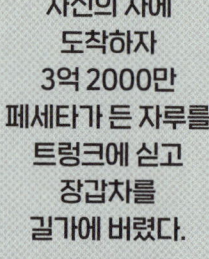

4. 공범자

차고에는 공범인 헤수스 알론드(일명 코코리소, 테러 조직 ETA[에타]의 스파이), 미겔 앙헬 두에냐스(공범자이자 친구), 호르헤 메디나(일명 파타곤, 스페인군 첩보 기관 협력자)가 기다리고 있었다.

거금은 즉시 분배되었고, 동료들은 뿔뿔이 흩어졌다.

5. 은신처

그로부터 2주일간, 엘 디오니는 친구 부부의 집에 몸을 숨겼다.

장갑차 강탈 뉴스는 스페인 미디어를 크게 뒤흔들었다. 무명의 노동자 엘 디오니는 하룻밤 만에 스페인에서 가장 유명한 지명수배범이 된 것이다.

경비 회사는 폐업 위기에 몰렸고, 엘 디오니는 은신처에서 샴페인과 캐비어로 성공을 축하했다.

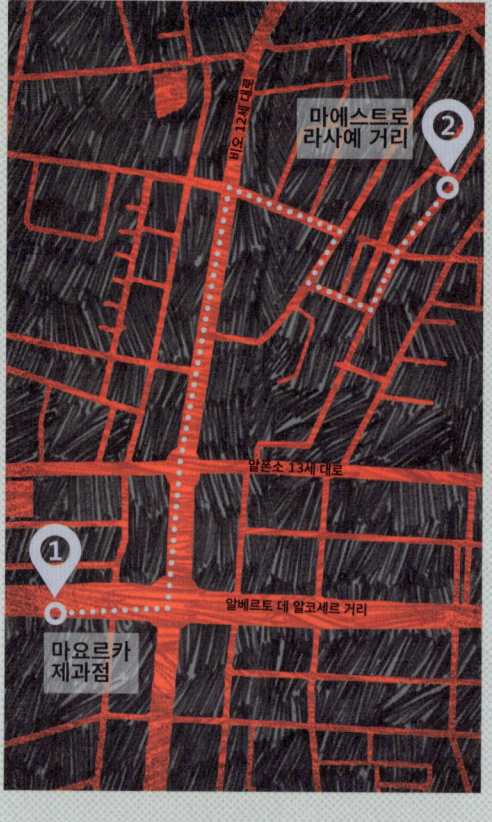

리우데자네이루의 **바라 팰리스 호텔** 방에서 보는 경치.

6. 브라질에서의 새로운 생활

사건의 소동이 잠잠해질 때쯤, 엘 디오니는 브라질로 도망쳤다.

브라질에서는 가발을 쓰고 멋진 새 생활을 시작했다. 리우데자네이루의 바라 팰리스 호텔에 살면서 경비행기로 하늘을 날고, 고급 레스토랑에서 식사를 하며, 리무진을 타고 시내를 돌아다녔다.

엘 디오니는 노동자의 황금빛 꿈속을 살아가는 행복한 남자였다.

경찰, 수사에 착수하다

신문 스크랩

하지만 호화찬란한 생활이 이목을 끌었고, 이윽고 브라질 경찰이 수사에 착수했다.

그의 방에서는 밀수품, 권총 몇 자루, 장갑차 약탈을 보도한 신문 스크랩 여러 개가 발견되었다.

경찰은 엘 디오니가 호텔에 간직해 두었던 **신문 스크랩**을 발견했다.

엘 디오니 드디어 발견되다!

SE BUSCA

지명 수배

POLICIA NACIONAL

스페인 경찰

📞 TLFN. 091

전화 번호

DIONISIO RODRIGUEZ MARTIN

디오니시오 로드리게스 마르틴

스페인 경찰은 얼굴 사진이 들어간 포스터를 붙여 엘 디오니를 수배했다.

브라질의 교도소

브라질 경관이 현금을 회수하려 했으나, 엘 디오니는 '스페인에 있다'고 우겼다. 덕분에 그가 목숨을 건졌다고 할 수 있다.

1989년 9월 19일 당시 가장 유명했던 국제 도망범은 브라질 교도소에 수감되었다.

그로부터 10개월 후, 엘 디오니가 스페인으로 송환되는 날이 왔다.

귀국

강탈로부터 1년 후, 엘 디오니는 비행기로 스페인으로 귀국하게 되었다. '집'으로 데리고 돌아가겠다고 기장이 방송하자, 승객들에게서 박수갈채가 터져나왔다.

스페인은 전설적인 강도 엘 디오니를 정중히 맞이했다.

교도소에 들어간 엘 디오니를 수감자들은 박수로 환영했다. 그는 안티 히어로, 즉 사회에서 배제된 사람들의 우상이 되었다.

재판

엘 디오니는 재판에서 운이 좋았다. 그의 이야기에는 모호한 점도 많았으나, 범행시 아무에게도 위해를 가하지 않았다는 것은 분명했다. 폭력을 전혀 휘두르지 않고 현금을 실은 장갑차를 탈취한 것이다.

재판관은 횡령죄로 징역 3년 4개월을 선고했다.

경관의 보호를 받으며 스페인으로 귀국하는 **엘 디오니.**

사라진 1억 4000만 페세타

엘 디오니는 장갑차 강탈을 자기 혼자 했다고, 전부 자신의 책임이며 동료나 행방불명된 1억 4000만 페세타에 대해서는 아무것도 모른다고 주장했다.

경찰이 발견할 수 있었던 것은, 미겔 앙헬 두에냐스가 자택 옷장의 이중 바닥 안에 숨겨두었던 것뿐이었으며, 그 이상의 현금은 발견되지 않았다.

남은 공범 두 명 중 헤수스 알론드는 불의의 사고로 사망했으며, 호르헤 메디나는 자신의 몫을 가지고 영원히 모습을 감추었다.

엘 디오니에 의하면 메디나는 강탈에 관련된 사람들 중에서도 가장 현명한 인물이었다.

출소하다

1995년 5월, 엘 디오니는 형기의 3/4을 마치고 가석방되었다. 무일푼이라 주장했기에 사라진 1억 4000만 페세타를 지불하지도 않았다.

거리에서는 그의 사건이 전설이 되어 있었다. 사인을 요청받자, 엘 디오니는 만면에 미소를 띠며 '범행을 후회하지 않는다'고 인정했다.

"다시 도둑이 될지도 모르지. 슬프게도 정직함의 모범을 보여야 할 사람들이 오히려 도둑질을 부추기니까."

The Boston Globe

DOMINGO, 18 MARZO, 1990

역사에 남은 미술품 도난 사건
이사벨라 스튜어트 가드너 미술관

경찰관으로 변장한
도둑 두 명이 5억 달러
상당의 미술품 13점을 훔쳐가다

미국 최대의
이 미술품 도난 사건은
아직도 미해결 상태

보스턴에 있는 **이사벨라 스튜어트 가드너 미술관**. 네덜란드 화가 렘브란트의 걸작이 들어 있던 액자는 텅 비었다.

언제:	어디서:	누가:	무엇을:	재판:
1990년 3월 18일	보스턴의 이사벨라 스튜어트 가드너 미술관(미국)	정체불명의 괴도 2명	총액 5억 달러 상당의 미술품 13점	열리지 않음. FBI는 범인을 찾아내지 못했다.

이사벨라 스튜어트 가드너 미술관

미술관의 회화, 조각, 태피스트리, 가구, 장식품은 도둑들에게는 유혹 그 자체였다.

이사벨라 스튜어트 가드너는 시대를 앞서가는 보기 드문 여성이었다. 충분한 교육을 받았고, 세계를 여행할 기회도 주어졌다.

이탈리아 여행에서 저명한 예술가들과 알게 된 이사벨라는 예술에 대한 정열을 불태우기 시작했다. 귀국 후, 이탈리아에서의 잊기 힘든 경험에 이끌려 보스턴의 저택을 매력 넘치는 르네상스풍 미술관으로 개장했다.

이사벨라의 미술관은 따뜻하고 가족적인 분위기와 유럽, 아시아, 미국의 예술가들에게서 수집한 엄선된 소장품에 힘입어 순식간에 사람들의 동경 어린 시선을 받았다.

미술품 수집가이자 지원자였던 **이사벨라 스튜어트 가드너**의 초상화.

범행 계획

교묘하고 잘 짜인 계획. 어떤 단서도 남기지 않았다.

증거가 거의 없었기 때문에 계획의 상세한 내용은 알 수 없다. 하지만 경찰에 의하면 이 도둑질은 수 개월 전부터 계획되었던 것으로 보인다. 도둑들은 미술관의 세부 사항은 물론이고, 최신 보안 시스템까지 숙지하고 있었다.

보스턴의 **이사벨라 스튜어트 가드너 미술관**. 르네상스 시대의 궁전에서 영감을 받은 디자인.

범행 과정, 단계별 분석

3월의 비 내리는 밤, 경찰관으로 가장한 2인조 도둑이 미술관에 나타났다.

렘브란트 반 레인 《갈릴래아 호수의 폭풍》

1. 가짜 소동

한밤중이 되었을 때, 두 사람의 경찰관이 이사벨라 스튜어트 가드너 미술관의 문을 두드렸다. 부근에서 일어난 소동을 조사하기 위해 관내를 둘러보고 싶다는 것.

몸집이 크고 소박한 미술관 경비원 리처드 아바스는 경찰관의 얘기를 믿어 의심치 않았다. 제복을 입은 경찰관을 그 누가 의심하랴. 아바스는 경비 수칙을 무시하고 친절하게도 두 사람을 안으로 안내했다.

2. "여러분, 이건 실제 상황이다!"

일단 관내에 들어가자, 경관인 줄만 알았던 남자들은 총을 꺼냈고, 관내를 감시하던 경비원 두 사람에게 외쳤다. "여러분, 이건 실제 상황이다!"

도둑들은 미술관의 경비원을 속이기 위해 경찰 제복을 입고 풍성한 가짜 수염으로 얼굴을 가렸다.

3. 지하에서 수갑을 채우다

도둑들은 경비원들을 미술관 지하로 데려가, 접착테이프로 입을 막고 수갑으로 난방용 파이프에 묶어 두었다. 이것으로 훼방꾼은 사라졌다.

4. 하고 싶은 대로

도둑들은 최신 보안 시스템을 어렵지 않게 돌파했다. 감시 카메라를 가리고, 81분에 걸쳐 미술관의 전시실을 돌아다니며 회화와 장식품을 훔쳤다.

에두아르 마네 작 《토르토니에서》

요하네스 베르메르 《합주》

5. 더치 룸

최초의 타깃은 2층의 '더치 룸'이었다. 절도범은 액자를 몇 개를 벽에서 떼어내고 그림을 빼냈다. 액자에서 꺼내기 위해서 마구 잘라낸 작품도 있다.

그림을 손에 넣은 후에는 빈 액자를 전시실에 남겨두고 다음 전시실로 향했다.

더치 룸에서 가지고 나온 작품은 총 6점.

렘브란트의 작품 3점:
유명한 《갈릴래아 호수의 폭풍》(렘브란트의 작품 중 유일하게 호수를 그린 작품), 《검은 옷을 입은 신사와 숙녀》, 우표보다 약간 큰 사이즈의 《자화상》.

베르메르의 작품 1점:
베르메르 작품으로 인정받은 희귀한 36점의 그림 중 하나인 《합주》.

플링크의 작품 1점:
1970년대까지 렘브란트의 작품으로 여겨졌던 《오벨리스크가 있는 풍경》.

고대 중국의 청동 잔 1개:
기원전 12세기의 물건. 다른 강탈품 정도의 가치는 없다.

6. 숏 갤러리

다음으로 노린 것은 마찬가지로 2층에 있던 '숏 갤러리'. 귀중한 이탈리아 회화가 전시된 방도 지나갔지만, 가짜 경관들은 멈춰 서서 액자를 빼지 않고 숏 갤러리로 직행해 그곳에서 도둑질을 했다.

드가의 데생 5점:
말을 탄 기수 3점, 예술 이벤트 프로그램을 위해 그린 데생 2점.

나폴레옹 제국군의 깃대에 달린 매 장식:
어째서 이런 것을 훔쳤는지는 불명.

7. 블루 룸

'블루 룸'은 세 번째이자 최후의 표적이었다. 1층에 있는 이 전시실에는 사전트, 들라크루아, 코로, 쿠르베 등 미국과 프랑스의 거장들의 작품이 전시되어 있었다. 그런데 도둑들이 가져간 것은 작은 작품 단 하나뿐이었다.

마네의 유화 1점:
파리의 카페에 앉아 있는 남자의 초상화 《토르토니에서》.

어째서인지 이 그림의 액자만은 전시실에서 가져갔다. 도둑들은 마치 도발이라도 하듯 경비 책임자의 사무소 의자에 액자를 두고 갔다.

8. 도망

또 하나 놀라운 점은 미술관의 보물, 티치아노의 《에우로페의 납치》가 전시되어 있는 3층으로 올라가지 않았다는 점이다. '블루 룸'을 뒤로한 범인들은 감시 카메라의 비디오테이프와 모션 센서 기록을 훔치고 임무를 마쳤다.

81분 동안 미술관은 마구 어지럽혀졌다. 오전 2시 45분경, 가짜 경관 두 사람은 제각기 건물을 나와, 그대로 영원히 모습을 감췄다.

렘브란트 반 레인 《검은 옷을 입은 신사와 숙녀》

고베르트 플링크 《오벨리스크가 있는 풍경》

1990년 3월 18일 이른 새벽, 두 사람의 도둑은 유유히 미술관을 떠나 각자 도주했다. 그리고 전리품을 밴 2대에 나눠 싣고, 그대로 모습을 감췄다.

경찰, 수사에 착수하다

날이 밝으면서

다음 날 아침 8시, 낮 근무인 경비원이 지하실에서 재갈이 물리고 수갑이 채워진 동료를 발견했다. 그때 비로소 도난이 발각된다.

두 경비원은 인생 최악의 하룻밤을 보냈고, 미술관에는 미국 사상 최대의 미술품 도난 사건이 덮쳐왔다.

범행의 흔적

현장에 도착한 진짜 경찰이 회수할 수 있었던 것은 PC의 하드디스크에 저장된 모션 센서 데이터뿐이었다. 대단히 치밀했던 범인들도 이 기록을 삭제하는 것까지는 생각이 미치지 못했던 모양이다. 하지만 그 이외의 증거는 무엇 하나 남아 있지 않았다.

범인은 흔적을 남기지 않고 5억 달러 이상의 미술품을 훔치는 데 성공했다.

도둑질의 프로

경보 시스템을 숙지한 범인의 수법으로 보아, 경찰 수사관은 두 사람이 프로 절도범이라 확신했다.

한편으로, 훔쳐간 물건들은 한쪽으로 치우친 감이 있었다. 또, 회화를 훔친 방식이 너무나도 조잡했기 때문에, 경찰은 절도범이 미술 전문가는 아니라 판단했다.

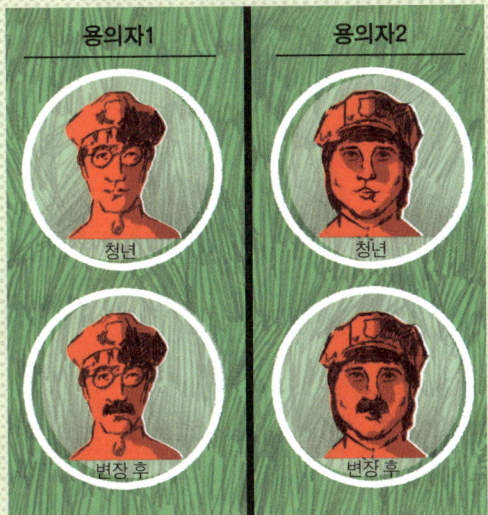

용의자1 — 청년 / 변장 후
용의자2 — 청년 / 변장 후

이해할 수 없는 점

그들이 미술품에 정통하지 않았다면, 이 기묘한 도난 사건은 마피아가 연관되었던 것일까? 아니면, 누군가에게 의뢰를 받은 것일까? 도난품들은 미리 목표로 정해져 있었던 것일까, 아니면 닥치는 대로 고른 것일까? 어째서 가장 가치가 높은 이탈리아 회화를 훔치지 않은 것일까? 중국의 큰 잔과 매 깃발 장식을 훔친 것은 일을 마무리하면서 장난을 친 것일까?

경찰 측에는 수많은 의문이 남았으나 단 하나도 답을 얻을 수가 없었다.

현상금

단서가 거의 없고 도난 작품을 되찾을 수 있을 것 같지도 않았기 때문에, 미술관은 정보 제공자에게 고액의 현상금을 주기로 했다.

이사벨라 스튜어트 가드너 미술관은 작품 회수와 관련된 정보에 대해 500만 달러를 지불하겠다고 발표했다. 2017년에는 연말을 기한으로 2배인 1000만 달러까지 올랐다.

미술관은 도둑맞은 회화가 들어 있던 빈 액자를 계속 전시함으로써 작품 회수에 대한 의지를 드러냈다. 하지만 그 바람은 이루어지지 않았다.

경찰의 실패

도난당한 뒤로 30년 이상이 경과했으나, 아직도 범인의 행방은 묘연하다.

이 사건은 범죄 분야 최대의 미스터리가 되었다. 이 사건으로 잃어버린 예술적 가치는 이루 헤아릴 수가 없다.

The New York Times

VOL. CLXVI . . No. 57,674　　　　　NUEVA YORK, JUEVES, 30 DE JUNIO, 1994　　　　　$6.00

러시아의 젊은 수학자, 세계의 은행을 두렵게 하다

해커가 시티 뱅크를 공격

범행 계획

해커가 시티 뱅크의 보안을 돌파

블라디미르 레빈

레빈은 상트페테르부르크 대학에서 생화학과 수학을 배웠다. 이과 분야가 특기로, 컴퓨터를 다루는 것도 열심히 익혔다. 그는 전 세계 은행의 보안 시스템을 공격하기 위해 이러한 남다른 지식을 아낌없이 사용했다. 몇 시간이나 컴퓨터 앞에 앉아서 보안 시스템을 뚫기 위한 다양한 전략을 세웠다.

상트페테르부르크 대학 시절의 **블라디미르 레빈**.

언제:	어디서:	누가:	무엇을:	재판:
1994년 6월	상트페테르부르크에 있는 PC로 시티 뱅크를 공격(러시아)	블라디미르 레빈과 그의 해커 집단	1070만 달러	레빈에 대해 3년의 실형 판결과 시티 뱅크에 24만 달러를 배상하라는 명령

뉴욕의 시티 뱅크
본사 빌딩.

범행 과정, 단계별 분석

청년은 PC와 모뎀만으로 멀리 떨어진 사무실에서 세계적인 메가 뱅크를 공격했다.

1. 컴퓨터 회사, AO새턴

공격은 상트페테르부르크 시내에 있는 사무실에서 시작되었다. 청년 블라디미르 레빈은 인터넷에 접속된 컴퓨터를 사용해 일을 하고 있었다.

그는 조용하고 나쁜 짓 따위 해본 적도 없는 것 같은 얼굴로 한결같이 은행의 보안 시스템을 깰 방법을 생각했다.

상트페테르부르크의 AO새턴 본사. 1994년 블라디미르 레빈은 여기서 사이버 공격을 시도했다.

2. 계정명과 패스워드 리스트

몇 시간에 걸쳐 작업에 매달려 있던 레빈은 마침내 상트페테르부르크의 사무실에서 시티 뱅크의 시스템에 로그인하는 데 성공했다! 그리고 당좌 예금 계좌와 비밀번호 목록을 다운로드하여, 손쉽게 시티 뱅크 고객들의 계좌에서 자신의 개인 계좌로 돈을 보냈다.

레빈은 황금알을 낳는 거위를 손에 넣었다.

블라디미르 레빈은 **극히 평범한 PC**를 이용해, 세계 최고도 결제 시스템의 보안을 돌파하는 데 성공했다.

3. 해커 집단

계획이 잘 된다고 판단한 블라디미르 레빈은, 국제적인 해커 집단을 결성했다. 세계 각지에서 동시 공격을 가해 추적이 불가능한 상태가 될 때까지 계좌에서 계좌로 자금을 반복해서 이동시키는 것이 레빈의 작전이었다.

레빈은 해커 집단을 결성해 전 세계 시티 뱅크의 시스템을 위협했다.

4. 세계 각국의 비밀 계좌

해커 네트워크는 아르헨티나, 미국, 핀란드, 네덜란드, 독일, 이스라엘의 계좌로 송금하는 데 성공했다. 그들은 몇 시간 사이에 앉은 자리에서 1000만 달러 이상을 훔쳐냈다.

그 때 은행은 해커들의 공격을 눈치채지 못했다.

5. 메가 뱅크의 위기

레빈과 동료들은 은행의 돈이 안전하지 않다는 것을 증명했다. 사상 최대의 공격을 받은 시티 뱅크는 사이버 공격을 경찰에 신고했다.

6. 강탈품

얼마나 훔치고 어떤 계좌에 입금했는지, 정확한 사항은 아무도 몰랐다. 천재적인 해커가 창조해 낸 컴퓨터의 미궁 속에서는 도난의 규모조차 알 수 없었다.

훔친 돈은 미국, 핀란드, 아르헨티나, 네덜란드, 독일, 이스라엘에 있는 복수의 계좌로 송금되었다.

경찰, 수사에 착수하다

국제형사 경찰기구는 해커 집단의 움직임을 추적하기 위한 장치를 설치했고, 일당의 체포를 시도했다. 그들의 '해적' 활동의 흔적을 추적한 것이다.

체포

수사 개시로부터 몇 달 후, 국제형사경찰기구는 드디어 사건의 주모자를 밝혀냈다.

비디오 게임 대회에 참가했던 레빈은 런던 공항에서 체포되었다.

해커 집단의 두목임을 인정하다.

재판

블라디미르 레빈은 뉴욕의 시티 뱅크에 대한 사이버 공격을 주모했다는 혐의로 미국 법정에 서게 되었다.

피해액은 1000만 달러 이상으로 추정되었으며, 레빈은 유죄였지만 3년의 징역형과 24만 15달러를 배상하라는 명령을 받았을 뿐이었다. 훔친 돈의 대부분은 이미 보험사가 처리했던 것이다. 남은 일당들도 붙잡혀 유죄 판결을 받았으나, 현재는 모두 도망 중이다.

해커의 위협

해커는 은행과 기업들에게 현실적인 위협이다. 사이버 공격을 방어하기 위한 보안 시스템 설계에 수백만 달러가 투입되는 것이 현재 상황이다.

하지만 솜씨 좋은 공격자를 확실하게 봉쇄할 수단은 없다. 그렇기에, 자기들을 공격했던 해커를 역으로 고용하는 기업도 있다.

STAD EN RAND

16 DE FEBRERO DE 2003
www.gva.be

DAGELAD NO. 152 - PRIJS: België € 2,50
Luxembourg € 2,30 - Nederlands € 3,20

GAZET VAN ANTWERPEN

안트베르펜 월드 다이아몬드 센터 사건

이탈리아 강도단, 세계 최고 수준의 보안 시스템을 깨고 1억 달러 상당의 보석을 훔쳐내다.

언제:	어디서:	누가:	무엇을:	재판:
2003년 2월 15일-16일 주말	안트베르펜 월드 다이아몬드 센터(벨기에)	레오나르도 노타르바르톨로와 그의 절도단 라 스쿠올라 디 토리노(토리노 학교)	금, 다이아몬드, 주얼리 총액 1억 달러 상당	노타르바르톨로에게 징역 10년, 나머지 일당들에게 징역 5년의 판결.

범행 계획

경찰과 63대의 방범 카메라로 24시간 감시되고 있지만, 다이아몬드 지구는 솜씨 좋은 절도단들이 눈독 들이는 장소다. 노타르바르톨로 또한 예외는 아니었다.

안트베르펜 다이아몬드 지구의 '믿을 만한' 상인

세계 다이아몬드의 중심지, 안트베르펜 다이아몬드 지구. 전 세계의 보석 중 8할이 여기서 일하는 유능한 장인들에 의해 커팅, 연마된다.

2000년, 레오나르도 노타르바르톨로는 이 유명한 지구의 중심부에 사무소를 빌렸다. 그리고 성실한 다이아몬드 상인처럼 행동했다.

커피를 마시며 다이아몬드 업계의 명사들과 차분하게 대화를 나누었으며, 상인들의 신뢰를 얻었다. 이 모든 것은 도둑질을 위한 것이었다.

수수께끼의 무역상의 도발

노타르바르톨로는 훔친 보석을 '믿을 만한' 보석상에게 팔고 있었다. 어느 날, 노타르바르톨로의 비법을 아는 수수께끼의 무역상이 그에게 굉장한 제안을 했다.

그는 "사상 최대의 다이아몬드를 훔치기 위해 당신을 고용하고 싶다." 라고 말했다.

월드 다이아몬드 센터의 난공불락이던 금고를 습격해 1억 달러짜리 다이아몬드를 훔치자는 것. 이것이 무역상의 제안이었다.

뱀꾼
레오나르도 노타르바르톨로

이 이탈리아인 절도범은 "나는 훔치기 위해 태어났다." 라고 스스로 말할 정도로 타고난 도둑이었다. 6살 때 우유 가게 주인이 졸고 있는 틈을 타 도둑질을 한 이후로 그는 기나긴 범죄의 길을 걷기 시작했다.

노타르바르톨로는 말하자면 뱀꾼이었다. 고상하고 아부를 잘 떠는 데다 빈틈이 없어서 어떤 사람이든 그를 신뢰했다. 물론 모든 것은 고가의 물건을 훔치기 위한 것이었다.

노타르바르톨로는 다이아몬드 지구 중심가의 카페에 자주 앉아 있었다.
수수께끼의 인물이 그의 옆에 앉아 세기의 대강탈 이야기를 했던 것도 이 카페였다.

거래의 시작

지극히 간단한 질문이 노타르바르톨로를 괴롭혔다. 세계에서 가장 안전한 장소 중 하나, 월드 다이아몬드 센터의 금고를 터는 일이 과연 가능이나 한 것일까? 하지만 금액은 10만 유로. 이 금액이라면……한 번 고려해 볼 가치는 있다!

불가능에 대한 도전

노타르바르톨로는 제안을 받아들이기 전에 성공 가능성을 조사해 보기로 했다. 손님인 척하면서 월드 다이아몬드 센터의 금고실에 침입한 것이다. 그는 이 지역에서는 성실한 상인으로서 잘 알려져 있었다.

안으로 들어가자, 펜에 장치해 둔 소형 카메라로 금고의 세부를 촬영했다. 이렇게 해서 수수께끼의 무역상에게 불가능하다는 것을 보여주려 했던 것이다.

난공불락의 요새, 월드 다이아몬드 센터

지하 2층의 금고실은 3톤이나 나가는 도어, 움직임·열·빛을 감지하는 센서, 1억 가지 조합이 가능한 자물쇠, 감시 카메라가 지키고 있었다. 그것은 지구상에서 가장 안전하고 기밀성이 높은 금고실이었다.

금고실 복제가 있다면 범행은 가능

그런데 그 6개월 후, 불굴의 의지를 지닌 그 수수께끼의 무역상은 노타르바르톨로에게 놀라운 소식을 가져왔다. 놀랍게도 폐허가 된 창고 안에 월드 다이아몬드 센터의 금고실을 똑같이 재현했다는 것이다.

"이제 솜씨 좋은 프로들을 모아 실행에 옮기기만 하면 된다."라고 상인은 말했다.

이렇게 결정된 강도단은 금고실 레플리카를 이용해 경보를 울리지 않고 침입할 방법을 찾아내고, 실전 연습을 거듭했다.

◆

금고실 도어는 12시간 동안 드릴로 구멍을 뚫는다 해도 버틸 수 있었다.

라 스쿠올라 디 토리노 절도단

열쇠, 경보, 터널 전문가들이 모여 그 어떠한 어려운 작전이라도 능숙히 해치운다. 절도단 한명한명이 '기술'의 달인이었다.

노타르바르톨로는 도둑질을 청부해 노련한 실력자들을 모았다.

선발된 남자들로 이탈리아의 절도단이 결성되었다.

NOTARBARTOLO, Leonardo
레오나르도 노타르바르톨로

FINOTTO, Ferdinando
페르디난도 피노트

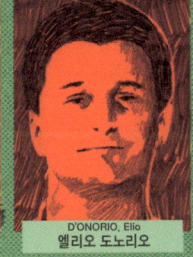
D'ONORIO, Elio
엘리오 도노리오

TAVANO, Pietro
피에트로 타바노

DESCONOCIDO
불명

레오나르도 노타르바르톨로

품위 있는 신사이자 사기꾼. 토리노 출신. 2년 이상에 걸쳐 안트베르펜의 다이아몬드 지구에서 행실바른 이탈리아인 다이아몬드 상인을 연기했다. 이번 강도 작전의 주모자.

페르디난도 피노트
몬스터

장신에 근육질로, 자물쇠를 능숙하게 다뤘다. 전기 기사, 정비사, 운전수이기도 하다. 1997년 은행 강도 실패 후 여러 기술을 배워, 월드 다이아몬드 센터를 습격할 정도의 흉악 강도가 된다.

엘리오 도노리오
천재

모든 경보를 해제할 수 있는 전문가. 월드 다이아몬드 센터의 복잡한 보안을 돌파하기 위해 독창적인 방법을 고안해냈다.

피에트로 타바노
스피디

운 나쁘게 작전을 망쳐버리는 명인으로 유명했다. 노타르바르톨로의 소꿉친구이자 충실한 친구. 나쁜 짓을 할 때의 동료.

이름 불명
열쇠왕

만년까지 세계 굴지의 열쇠 복제사였다. 일당 중에서 체포되지 않은 것은 이 남자뿐. 사진도 존재하지 않는다.

월드 다이아몬드 센터를 철저히 조사

노타르바르톨로는 몇 달에 걸쳐 금고실의 상세한 정보를 모았다. 점잖은 상인이라는 가짜 가면을 쓰고 안트베르펜 월드 다이아몬드 센터에 출입한 덕분에 전혀 의심받지 않았다.

가짜 금고실에서 도둑질 실전 연습

일당 전원이 금고실의 약점을 찾으며 습격을 준비했다. 전문가들은 어둠 속에서 실전 연습을 했으며, 고도의 보안 시스템을 회피할 완벽한 계획을 세웠다.

금고실 입구의 비밀번호

2002년 9월 어느 날, 경비원 중 한 명이 금고실 도어에 접근해 다이얼 키의 다이얼을 돌리기 시작했다. 그 머리 위에는 절도단이 설치한 소형 비디오카메라가 경비원의 움직임을 기록하고 있었다. 다이얼을 돌릴 때마다 나오는 숫자들을 조합하여 절도단은 입구의 비밀번호를 알아냈다.

드디어 진짜 금고실을 습격할 준비를 마쳤다.

범행 과정, 단계별 분석

1. 열·모션 센서

2월 14일, 노타르바르톨로는 평소처럼 아무런 의심도 받지 않고 센터 금고실에 들어갔다.

그리고 좋은 사람인 척 하던 가짜 모습으로 몰래 열·모션 센서에 헤어스프레이를 뿌렸다.

단순하지만 굉장히 효과적인 처치였다. 이렇게 하면 금고실에 누가 들어와도 한동안은 경보가 울리지 않게 된다.

노타르바르톨로는 금고실을 답사할 때 범행 사전 준비를 하고 있었다.

2. 인기척이 없는 다이아몬드 지구

그로부터 2일 후, 사람들이 테니스 결승전에 정신이 팔려있는 동안, 금고실이 습격당했다.

절도단은 밤이 되기를 기다려 경비원이 금고실 입구를 철제 도어로 봉쇄하자 습격을 개시했다.

야간에는 무인 경비 시스템으로 전환된다. 절도단은 그 약점을 잘 노렸다.

인적 드문 다이아몬드 지구에서, 노타르바르톨로는 렌트한 푸조 307을 월드 다이아몬드 센터 옆 빌딩에 주차했다. 푸조에서 내린 것은 몬스터, 천재, 열쇠왕, 그리고 소꿉친구인 스피디.

열쇠왕이 자물쇠를 열고, 몬스터는 빌딩 옥상으로 올라갔다. 그곳에서 다이아몬드 센터로 뛰어들어, 폴리에스터로 만든 방패를 이용해 열 센서를 통과하고 침입. 남은 도둑들도 검은 비닐로 감시 카메라를 덮고 뒤를 따랐다.

금고실에 도착하자 이번에는 천재가 도어의 보안 시스템을 하나씩 해제했다.

드디어 열쇠로 도어를 열 때가 왔다. 하지만 열쇠왕이 나설 필요는 없었다. 경비원이 벽에 열쇠를 그냥 걸어둔 채였던 것이다. 아무래도 행운의 여신이 미소를 지어준 모양이다.

가짜 금고실에서 했던 실전 연습이 드디어 결실을 맺었다.

3. 어둠 속에서의 습격

강도단은 모든 보안 시스템을 돌파해 금고실 침입에 성공했다. 어둠 속에서 기억을 더듬으며 연습한 대로 손을 움직였다. 어두운 실내에서 189개나 있는 대여 금고를 100개 넘게 열고, 다이아몬드와 보석 등을 계속해서 자루에 담았다.

사람들이 돌아오기 전인 오전 5시 30분, 그들은 강탈품을 챙겨 월드 다이아몬드 센터를 뒤로했다.

경보는 발동되지 않았다. 습격 성공!

노타르바르톨로는 경찰의 무전을 엿들으며 빌린 푸조를 길가에 정차시키고 동료들을 기다리고 있었다. 강도단을 모두 태운 푸조는 은신처를 향해 천천히 이동했다.

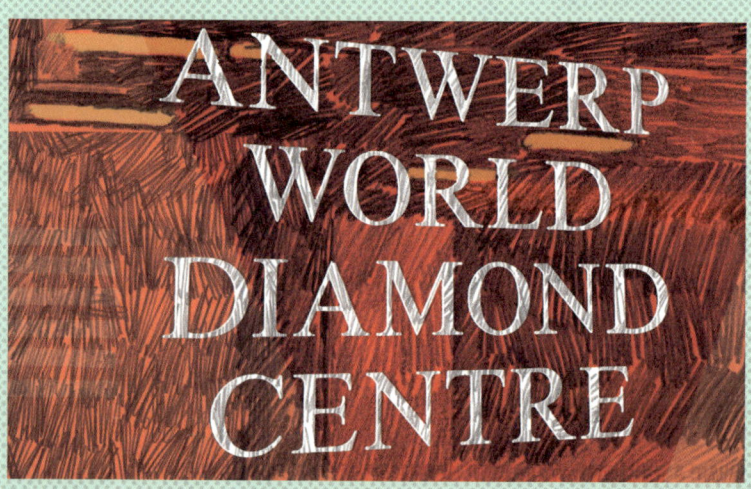

2003년 2월 17일(월) 아침, 다이아몬드 지구와 그곳 상거래의 감시를 담당하는 안트베르펜 경찰서에 전화가 한 통 걸려왔다. 다이아몬드 센터의 강도 신고였다.

안트베르펜의 다이아몬드 센터의 금고실은
10단계의 보안 시스템으로 보호되고 있었다.

도어:

1. 다이얼 키 (0~99)

2. 열쇠 잠금장치

3. 지진 센서 (내장형)

4. 철 격자

5. 자기 센서

6. 외부 방범 카메라

금고실:

7. 센서 해제용 키패드

8. 빛 센서

9. 내부 방범 카메라

10. 열·모션 센서

지하 2층 **금고실**은 텅 비었다!
훔친 다이아몬드의 가치는 약
1억 유로!

4. 수수께끼의 무역상에게 속다

무사히 은신처에 도착한 절도단은 어둠 속에서 가지고 온 자루를 열었다. 놀랍게도 대부분의 자루가 비어 있었다.

뭔가 이상했다. 수수께끼의 무역상이 약속했던 1억 달러는커녕, 전부 2000만 달러밖에 되지 않았다.

그제야 비로소 일당은 깨달았다. 그 무역상에게 속은 것이다!

노타르바르톨로, 뒤통수를 맞다.

무역상은 미리 금고에서 다이아몬드를 몰래 빼냈었다. 아무것도 모르는 보험사는 사건 당시에 다이아몬드가 금고 안에 있다고 생각하고, 소유자에게 보상금을 지불했다.

그는 다이아몬드를 도난당했다고 속여 몇 백만 달러에 달하는 보상금을 받기 위해 이번 사건을 계획했다.

노타르바르톨로는 속은 것이었다.

다이아몬드 절도가 아니라, 실제로는 사상 최대의 보험금 사기였다.

5. 스피디의 탈출과 불운

노타르바르톨로와 동료 스피디는 자기 몫의 전리품을 가지고 서둘러 이탈리아로 도주했다.

그 도중, 보물을 싸 둔 종이를 버리려던 두 사람은 증거를 태우기 위해 차를 세웠다. 그런데 갑자기 큰 소리가 나는 바람에 스피디가 패닉 상태에 빠지고, 두 사람 다 도망치고 말았다. 완벽한 도둑질을 해냈음에도 여기서 또 스피디 때문에 행운의 여신에게 버림받고 말았다. 그들의 지문이 묻은 포장지가 돌풍에 휩쓸려 숲으로 흩어져버린 것이다.

증거를 인멸하려던 스피디와 노타르바르톨로를 놀라게 한 것은 족제비 사냥꾼이었다.

다음 날 아침, 흩뿌려진 포장지를 발견한 남자가 경찰에 연락했다. 안트베르펜 월드 다이아몬드 센터의 스탬프가 찍힌 그 종이를 경찰은 놓치지 않았다.

스피디의 어리숙함 때문에 경찰은 노타르바르톨로를 발견했다.

월드 다이아몬드 센터의 지하에 있는 금고실의 모습.

경찰 수사, 그리고 재판

노타르바르톨로는 현장 근처에서 발견된 먹다 만 샌드위치에서 채취한 DNA와 다이아몬드 센터의 비디오테이프 내용을 근거로 체포되었다.

경찰은 도로에 흩어져 있던 증거품을 가지고 절도단을 추적했다. 노련한 열쇠왕만이 도망치는 데 성공했다.

재판 상황

벨기에의 재판소는 노타르바르톨로에게 징역 10년을 선고했다. 다른 일당들은 5년 동안 감옥에 갇혔다.

강탈품

결국 강탈품은 회수되지 못했다. 지금도 험준한 알프스 산맥 어딘가에 숨겨져 있을지도 모른다.

수수께끼의 무역상은 흔적도 없이 모습을 감추었다.

브뤼셀 북쪽, 고속 도로 E19 부근. 스피디는 여기서 강탈품의 포장지가 든 쓰레기 자루를 버렸다.

ISSN 1517-6819

O POVO

FORTALEZA-CE, MARTES, 7 de agosto de 2005 ANO LXXVIII Nº 25.664 RS 2,00

EDIÇÃO COM 86 PÁGINAS

전대미문!

1억 6400만 헤알, 도난당하다

전장 80M의 지하 터널을 통해 브라질 중앙은행 포르탈레자 지점을 습격

**놀라운
공학 기술을
구사한
브라질
사상 최대의
강도 사건**

브라질 북동부의 해안가 도시,
포르탈레자.

브라질 중앙은행 포르탈레자 지점 빌딩.

언제:	어디서:	누가:	무엇을:	재판:
2005년 8월 6일~7일	브라질 중앙은행 포르탈레자 지점(브라질)	35명의 강도단	1억 6400만 헤알	체포된 것은 강도단 중 몇 명뿐. 그 중 가장 무거운 징역 49년을 선고받은 것은 '독일인'이라 불리는 두목.

범행 계획

아이디어

브라질 중앙은행 포르탈레자 지점 습격을 떠올린 것은 이 은행에 출입하던 운송 회사 경비원이었다고 한다.

안토니오 쥬시방 아우베스, 일명 '독일인'은 포르탈레자를 방문했을 때, 경비원들에게서 도둑질 계획을 제안받았다.

긴 터널을 파서 중앙은행의 지하 금고를 습격하는 것, 그것이 계획이었다.

기밀 정보

계획을 들은 독일인은 그로부터 몇 달에 걸쳐 중앙은행 금고의 정확한 위치, 방범 카메라, 경보, 모션 센서, 그리고 현금 수납함에 이르기까지, 상세한 정보를 몰래 모았다.

마치 영화같은 무모한 습격. 하지만 불가능은 아니었으며, 은행 내부에는 공범자까지 있었다.

프로페셔널 팀

이 위업을 위해 독일인은 각 방면의 전문가를 모아 강도단을 결성했다.

기술자, 굴착꾼, 서류 위조꾼, 은행 금고실로 통하는 거대한 터널 공사를 위해 거액의 자금을 투자해 줄 출자자까지.

위장 공작

지하 금고실까지 이어지는 대공사를 실행하기 위해서는 위장 공작도 필요했다.

강도단은 은행 근처에 작은 집을 빌려 표면적으로는 가짜 조경 회사의 간판을 걸었다. 일당은 정원사 같은 작업복을 입었고, 대형 차에는 가짜 회사 마크까지 그려져 있었다.

이 가짜 비즈니스 덕분에, 터널을 파면서 나온 흙을 운반해도 아무도 수상하게 여기지 않았다.

계획을 실행에 옮기기 위한 준비가 착착 진행되어갔다.

터널의 출입구가 위치한 집은 잔디를 시공하는 조경 회사로 위장했다.

은행 근처에 **빌린 집에서** 금고실을 목표로, 강도단은 3개월에 걸쳐 80m의 터널을 팠다. 그리고 2005년 8월 6일과 7일 주말에 침입해, 현재 가치로 약 44억 원 상당의 현금을 훔쳐냈다.

범행 과정, 단계별 분석

1. 은행까지의 터널

이렇게 10명의 팀이 지하 터널에서 쉬지 않고 일하기 시작했다. 매일 가짜 정원사들이 대량의 흙을 모아서 대형 차량으로 운반했다.

강도단의 생각대로 흙을 운반해도 사람들은 의심하지 않았다. 조경 회사니까 당연하다고 생각한 것이다.

3개월을 들여 터널이 완성되었다. 터널은 거리에서 가장 번화한 돈 마누엘 거리의 지하를 통과해 은행까지 이어졌다.

2. 대규모 공사

30 파낸 흙(톤)
흙이 무너지는 것을 방지하는 목조 기둥

80 터널 길이(미터)
환기 장치와 에어컨디셔너
내부 조명 장치

3. 견고하게 보호된 금고실

은행 아래까지 도착한 강도단은 주말까지 기다려 금고실에 침입하기로 했다.

금고실 바닥은 1.1m의 철근 콘크리트로 보호되고 있었다. 이 두꺼운 벽을 뚫으려면 다이아몬드 커터와 화염 방사기가 필요했다. 큰 소리가 나지 않도록 개조한 전동 해머도 필수였다. 바닥을 부술 때 나는 소음을 어떻게든 억눌러야만 했다.

강도단은 경보가 울리지 않게 콘크리트를 부수는 데 성공, 드디어 내부에 침입했다!

거액을 투자한 전대미문의 공사였다.

4. 감시 카메라 해제

금고실은 500㎡의 커다란 방으로, 구석구석까지 카메라로 감시하고 있었다. 하지만 은행 내부자와 접촉했던 덕분에 범행 중에는 감시 카메라를 해제할 수 있었다.

5. 강탈품

강도단은 서두르는 기색도 없이 금고 5개를 열었다. 금고 안에는 이미 사용한 50 헤알짜리 지폐가 수백만 헤알어치 들어있었다.

은행은 이러한 중고 지폐를 검사하여 다시 유통시킬 것인지 소각할 것인지 판단해야 했다.

일련번호 순으로 되어 있지 않은 지폐였기 때문에 추적은 불가능.

6. 무거운 짐

3톤짜리 지폐 더미를 로프와 도르래가 달린 수레에 싣고 터널을 통해 은신처까지 7시간에 걸쳐 끌어 운반했다.

7. 도주

습격에 사용한 도구는 전부 터널에 버리고, 훔친 현금은 은신처에서 대형 차량에 실었다. 집 안에 석탄을 뿌려 지문을 지운 후, 조용한 아침에 도망쳤다.

은행 폐점 몇 시간 후 강도단은 1억 6400만 헤알을 나누어 갖고 해산했다.

도둑들은 국내로 흩어졌다.

80m 터널 내부에는 조명과 지주가 늘어서 있다.

보물까지 가는 길

지폐는 전부 50헤알짜리 지폐였다. 이미 사용한 것으로, 다시 유통되지 않을 물건들이었다. 경비원만이 아니라 은행 관계자도 공범자가 아닌지 의심을 받았다. 무게 3톤이 넘는 300만 매의 지폐를 도둑맞았다.

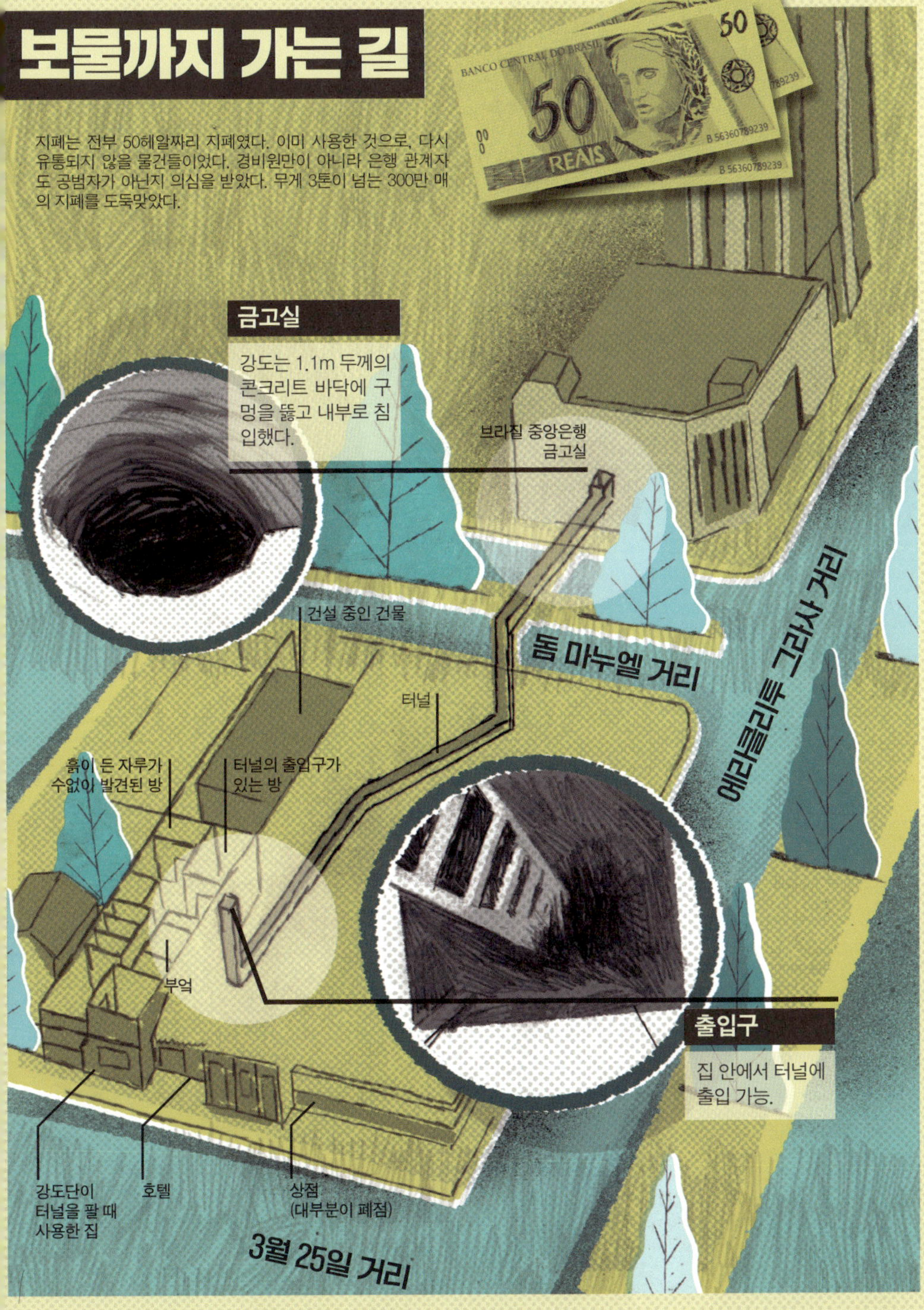

BANCO CENTRAL DO BRASIL
50
REAIS
B 56360789239
금고실
강도는 1.1m 두께의 콘크리트 바닥에 구멍을 뚫고 내부로 침입했다.
브라질 중앙은행 금고실
건설 중인 건물
돔 마누엘 거리
에라클리투 그라사 거리
터널
흙이 든 자루가 수없이 발견된 방
터널의 출입구가 있는 방
부엌
출입구
집 안에서 터널에 출입 가능.
강도단이 터널을 팔 때 사용한 집
호텔
상점 (대부분이 폐점)
3월 25일 거리

신원이 확인된 강도단 일당

ANTÔNIO JUSSIVAN ALVES
안토니우 주시방 알베스
'독일인', 강도단의 두목

계획을 실행하고 500만 헤알을 챙겼다는 사실은 인정했으나, 강도단의 두목이었다는 것만은 인정하지 않았다. 최고형인 징역 49년 2개월을 선고받았다.

LUIS FERNANDO RIBEIRO
루이스 페르난두 리베이루
'페르난지뉴', 출자자

도둑질을 위한 자금 조달 담당. 유일하게 경찰의 추적을 따돌렸다. 하지만 다른 갱들에게 납치당해 가족들이 몸값 200만 헤알을 지불했음에도 불구하고 살해당했다.

ANTÔNIO ARGEU NUNES VIEIRA
안토니우 아르제우 누네스 비에라
출자자

세아라 주 보아비아젬 시의 전 시정감독관. 이 사건에 자금을 댄 혐의로 투옥되었으나 증거 불충분으로 석방되었다.

MOISÉS TEIXEIRA DA SILVA
모이제스 테이셰이라 다 실바
굴착꾼

강도단의 주모자 중 한 명으로 추정된다. 단골 빵집에 잠입해 있던 첩보원에게 붙잡혔다. 징역 17년을 선고받았으나 2년 만에 석방되었다.

MARCOS ROGÉRIO MACHADO DE MORAIS
마르쿠스 로제리우 마샤두 데 모라이스
기술자

투옥되었으나 몇 년 후에 탈옥에 성공. 그 이후 소재 불명.

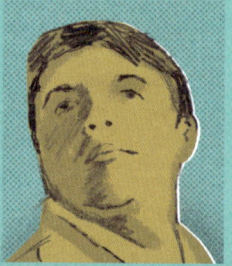

JOSE CHARLES MACHADO DE MORAIS
조제 샤를스 마샤두 데 모라이스
돈세탁 전문가

운송 회사의 오너로, 마르코스 로젤리오(기술자)의 동생. 훔친 돈을 세탁한 죄로 징역 36년이 선고되었다. 그 후, 영화 같은 탈출극을 벌여 다른 8명의 수감자와 함께 도주했다.

JORGE LUIZ DA SILVA
조르제 루이스 다 실바
서류 위조 전문가

서류를 위조해 가짜 조경 회사 설립을 담당. 최후에는 투옥되었다.

DEUCIMAR NEVES QUEIROZ
데우시마르 네베스 케이로스
정보상

브라질 중앙은행 포르탈레자 지점의 전 경비원. 금고실의 정확한 장소, 감시 카메라, 경보, 모션 센서, 현금 수납함의 위치 정보를 제공. 강탈품 중 200만 헤알을 받았으나 경찰에게서 도망치지 못하고 교도소에 수감되었다.

도망자와 행방불명 강탈품

이 강도 사건으로 수많은 사람이 교도소에 수감되었으나, 불구속으로 처리된 사람도 많이 있다. 특히 지위가 높은 사람들은 감옥에 가지 않았다.

덧붙여, 도둑맞은 현금 중 회수된 것은 거의 전체의 10%에 불과하다. 긴 형기를 받은 일당도 있는 한편, 체포되지 않은 '귀족' 강도들은 세계 어딘가에서 나머지 90%를 마음껏 쓰면서 인생을 즐기고 있을 것이다.

영화

마르코스 파울로 감독의 2011년 영화 『연방 은행 강도 사건 Assalto al Banco Central』은 이 유명한 강도 사건을 소재로 한 것이다.

경찰, 수사에 착수하다

브라질 사상 최대의 강도 사건

8월 8일 월요일, 은행이 개점했다.

견고하게 보호된 금고실 바닥에 뚫린 구멍에는 수수께끼의 터널이 이어져 있었다.

용감한 수사원들이 터널을 조사하겠다고 나섰다. 경찰은 강도단이 터널에 함정을 설치해 둔 것은 아닐까 의심했다. 그럼에도, 그들은 80m나 되는 어두운 터널을 걸어서 어디로 연결되어 있는지를 밝혀냈다.

조경 회사로 가장했던 집은 수사본부로 모습을 바꾸었다.

우여곡절 끝에 경찰이 사건의 검증을 시작하자 근처 주민들은 놀라움을 숨길 수 없었다. 그들은 몇 달 동안이나 범죄가 목적인 터무니없는 터널 공사를 근처에서 보고 있었던 것이다.

안토니우 셀수 도스 산투스 연방 경찰관.

터널이 전설이 되다

이 사건은 신문 지면에 대서특필되었다. 강도단이 80m나 되는 터널을 통해 브라질 중앙은행에서 1억 6400헤알을 훔쳐갔으니 무리도 아니다.

연방 경찰

연방 경찰에서 실력파로 유명한 안토니우 셀수 도스 산투스가 믿음직한 팀을 이끌고 사건 수사를 담당했다.

협박도 발포도 없었으며, 단 하나의 경보도 울리지 않았다. 이 도둑질은 브라질 사상 최대이자 가장 교묘한 강도 사건으로 기록되었다.

억만장자의 실수

일당이 세심한 주의를 기울였음에도 불구하고 안토니우 셀수 도스 산투스의 수사팀은 집 안에서 강도단 중 한 명의 지문을 찾아냈다. 독일인의 의붓형, 조제 마를레우두의 것이었다.

며칠 후, 일당 중 하나인 조제 샤를스 마샤두 데 모라이스가 50헤알 지폐로 차를 10대 구입했다. 경찰은 곧바로 그가 사건과 관계있으리라 판단했다.

경찰에게 남은 일당에 관한 정보를 흘린 것은 이 두 사람, 조제 마를레우두와 조제 샤를스 마샤두 데 모라이스였다.

지명수배: 브루스 레이놀즈

브루스 레이놀즈가 이끄는 15인조 강도단이 글래스고의 우편열차를 습격하다.

강탈품: 260만 파운드

빈센조 페루자

평범한 목수가 미술관 경비의 허점을 찌르다.

《모나리자》 도난 사건

디오니시오 로드리게스 마르틴 일명 <엘 디오니>

하룻밤 만에 무명의 노동자에서 스페인 사상 최고의 벼락부자 도망자가 되다.

강탈품: 3억 2000만 페세타

블라디미르 레빈

한 젊은이가 시티 뱅크의 컴퓨터 보안을 돌파하다.

강탈품: 1070만 달러

알베르 스파지아리

"무기도, 폭력도, 증오도 없다."

현금, 보석 등 현재 가치로 1000만 상당의 금품을 소시에테 제네랄 은행 니스 지점에서 훔쳐내다.

댄 쿠퍼

시애틀행 보잉727을 폭파하겠다고 위협하다.

강탈품: 20만 달러

신원불명의 2인조 도둑

미국 최대의 미술품 도난 사건은 여전히 미해결 상태.

강탈품: 5억 달러 상당의 미술품 13점

레오나르도 노타르바르톨로

라 스쿠올라 디 토리노 절도단

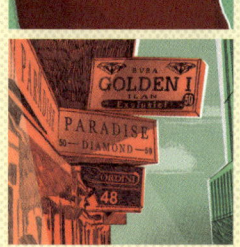

경찰과 63대의 방범 카메라가 24시간 감시하는 상황 속에서, 대담하게도 월드 다이아몬드 센터를 습격하다.

강탈품: 금, 다이아몬드, 주얼리 총액 1억 달러어치

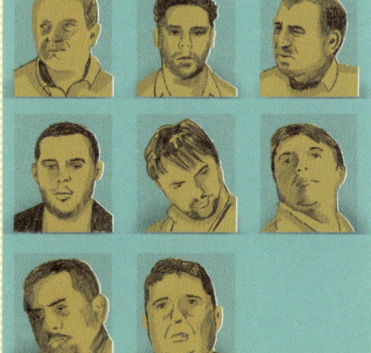

'독일인'이 이끄는 35인조 강도단

안토니우 주시방 알베스

전장 80m의 지하 터널을 통해 브라질 중앙은행 포르탈레자 지점을 습격하다.

강탈품: 1억 6400만 헤알

언제:	어디서:	누가:	재판:	결말:
1756년 11월 1일	베네치아의 피옴비 감옥 (이탈리아)	자코모 카사노바	마술서 소지로 인한 투옥	탈주 후, 고향 베네치아로 돌아올 때까지 18년간 유럽을 방랑했다.

스캔들러스 탈출극
자코모 카사노바

책략가 카사노바는 귀족 신분을 얻는 데 생애를 바쳤다. 상인과 여배우 사이에서 태어난 그는 타고난 귀족이 아니었기 때문이다.

하지만 세련된 지성, 범상치 않은 교양, 모두를 사로잡는 매력으로 신분을 뛰어넘어 18세기 사교계를 대표하는 유명인이 되었다.

수많은 사람들이, 특히 궁정의 여자들이 카사노바의 매력에 완전히 매료되었다. 또한, 다채로운 직함을 지닌 카사노바는 수많은 중요한 직무를 맡았다.

유혹의 달인 카사노바는 작가만이 아니라 상인, 철학자, 법학자, 사서, 첼리스트, 수학자, 스파이, 의사를 자칭했다. 하지만 매력 넘치는 이 남자는 사실 사기꾼이었다.

크고 작은 스캔들과 다툼에 쫓겨 언제나 떠돌아다닐 수밖에 없었다.

카사노바는 견고한 철벽의 교도소 피옴비 감옥에서 탈출했다.

카사노바의 유명한 애인 중 한 명, 퐁파두르 부인.

종교 재판소가 그를 고발하다

755년, 마침내 종교 재판소가 자코모 카사노바의 자유분방한 활동을 제지하고 나섰다.

카사노바는 금서 소지와 마술을 사용한 죄로 베네치아의 피옴비 감옥에 수감되었다.

금서 「솔로몬의 열쇠」에는 정령을 불러내는 주문, 악마를 조종하는 방법, 초능력을 익히는 방법, 강력한 부적을 만드는 법 등이 기록되어 있다.

카사노바는 루소, 볼테르, 모차르트, 퐁파두르 부인 등 수많은 저명인사와 인맥을 쌓았다.

납 감옥

피옴비(Piombi, 이탈리아어로 납) 감옥은 유명한 '탄식의 다리' 옆에 위치한 두칼레 궁전 지하에 있었다.

탈옥을 막기 위해 독방의 벽과 천장이 납으로 보강되어 있었기에 이렇게 불리게 되었다.

지하감옥에서의 생활은 너무나도 괴로운 것이었다. 수감자는 질병과 굶주림, 고문으로 목숨을 잃었다. 하지만 자코모 카사노바는 어떻게든 견뎌냈고, 살아남았다.

피옴비 감옥 내 **카사노바의 독방.**

도주 계획

수감자들이 지하감옥에 들어갈 때 탄식하면서 건넜다고 하여 '탄식의 다리'라 불리게 되었다.

터널

감옥에 수감된 카사노바는 필사적으로 독방의 철봉을 하나 빼냈다. 이 철봉으로 터널을 파려던 것이다.

그렇게 몇 달에 걸쳐 터널을 팠다. 하지만 조금만 더 하면 되겠다 싶었을 때 다른 독방으로 옮겨지고 말았다.

카사노바는 계속 감시를 당하고 있던 것이다. 그는 새로운 탈옥 계획을 세울 수밖에 없었다.

이 베네치아 책략가는 사교계에 진출했을 때처럼 끈질기고 치밀하게 탈옥을 계획했다.

공범자

카사노바는 간수들의 감시하에 있었기 때문에 옆 감방의 수도사를 설득해 터널을 파게 했다.

간수가 의심하던 것은 카사노바뿐이지, 수도사는 경계하지 않았다. 두 사람은 이목을 끌지 않고 터널을 파나갔다. 간수들은 새로운 탈옥 계획을 전혀 눈치채지 못했다.

카사노바와 수도사는 책 안에 메시지를 숨기고 교환하며 연락을 취했다.

카사노바가
갇혀 있던
납 감옥.

도주 과정, 단계별 분석

도망 그 후

이 화려한 탈출극으로 인해 불굴의 책략가이자 사랑의 정복자인 카사노바는 한층 더 이름을 날렸다.

도망 후, 카사노바는 유럽을 방랑했다. 20년 가까이 고향을 떠나, 유럽 곳곳의 궁정에서 귀족과 왕족을 속이고 유혹했다.

1. 독방에서 탈출

1756년 11월 1일, 모든 성인 대축일의 날 밤, 자코모 카사노바와 수도사는 새롭게 판 터널을 통해 각자의 독방에서 빠져나왔다.

교도소 출구에 도착할 때까지 터널을 팔 때 사용한 철봉으로 문 몇 개를 안쪽에서 비틀어 열었다.

카사노바는 피옴비 감옥 300년 역사상 최초의 탈옥자였다.

2. 곤돌라로 도망

마지막으로 카사노바와 수도사는 창문에 매달려 운하로 내려갔다. 그곳에는 곤돌라에 탄 동료가 기다리고 있었다.

두 탈옥수는 어둠 속에서 베네치아의 운하를 타고, 무서운 '납 감옥'을 뒤로했다.

1년간의 투옥 생활 끝에 카사노바는 두 번째 탈옥 시도를 성공시켰다.

영화

2005년 개봉한 미국 영화 『카사노바CASANOVA』는 자코모 카사노바의 이색적인 모험을 스크린에 담았다.

ANTI-SLAVERY BUGLE.

"노예주와의 연대는 없다!"

VOL. 1.   NEW-LISBON, OHIO, JUEVES, 29 MARZO, 1849   NO. 1.

상자에 포장되어 도망친 노예

헨리 '박스' 브라운은 노예 제도가 없는 미국 북부로 자기 자신을 발송했다

27시간에 달하는 여행으로 녹초가 된 끝에 헨리 브라운은 노예 제도와 작별했다.

언제:	어디서:	누가:	재판:	결말:
1849년 3월 29일	버지니아주 리치먼드의 담배 농장 (미국)	헨리 '박스' 브라운	없음. 노예였기 때문에 애초에 자유가 없었다.	간신히 도망쳐 자유를 손에 넣었다.

헨리 브라운에 대해

농장에서의 어린 시절

헨리 브라운은 미국 남동부 버지니아주에서 태어났다. 그의 가족은 존 배럿 밑에서 일하는 노예 일가로, 당시치고는 상냥한 주인을 모시고 있었다. 소년 헨리는 허용되는 한 부모님과 형제들과 함께 지냈고 행복한 어린 시절을 보냈다.

농장에서의 유소년기, 주인은 헨리를 잘 대해주었다.

1831년, 15세 때 주인이 사망하자 헨리는 주인의 아들 윌리엄 배럿이 소유한 가까운 담배 공장에서 일하게 되었다.

지혜를 쥐어짜 스스로를 해방시킨 **헨리 브라운의 초상화**. 1816년 농장에서 노예의 자식으로 태어나, 1897년 자유로운 시민으로 세상을 떠났다.

리치먼드의 담배 공장

일 잘하는 청년 헨리는 곧바로 주변에서 인정을 받았다. 그때쯤 아름다운 흑인 노예 낸시와 만나고, 사랑에 빠졌으며, 결혼하여 아이 셋을 낳았다. 결혼 생활은 18년간 이어졌다. 그러던 어느 날, 네 번째 아이를 임신한 낸시와 세 아이들이 다른 주인에게 팔려가버렸다.

노예 시장

낸시가 팔려가지 않도록 미리 낸시의 주인에게 돈을 지불했음에도 불구하고 헨리는 배신당했다. 1848년 8월, 낸시의 주인은 헨리와의 약속을 깨고 버지니아 주 남부에 인접한 노스캐롤라이나주의 다른 주인에게 낸시와 세 아이들을 팔아버렸다.

주인의 결정을 알려주는 사람은 없었고, 헨리는 어떻게 할 방법이 없었다. 당시 버지니아주에는 이런 가혹한 처사에서 그를 지켜줄 법률이 없었던 것이다.

헨리는 후에 자서전에서 이때의 일을 이렇게 회고했다. 「아내와 자식들이 집에서 끌려갔다는 걸 알았을 때 나는 일하는 중이었다. 가족은 노예 시장으로 끌려갔고 노스캐롤라이나주에서 일하기 위해 팔려가 버렸다.」

헨리는 다시금 가족과 함께 살기 위해 도망치기로 결심했다.

19세기 중반 미국에서는 **노예 매매**가 자주 이루어졌다. 노예들은 인간이 아닌 물건처럼 손님들 앞에 세워졌다.

헨리는 사람이 간신히 들어갈 수 있는 나무상자 속에서 몸을 둥글게 말아 꽉 끼어 있었다.

노예 제도 폐지론자는 노예 제도를 반대했고, 노예제를 없애기 위해 싸웠다.

도주 계획

딱 하나 좋은 소식이 있었다. 북부의 몇몇 주에서는 노예 제도가 폐지되었고, 도망친 노예를 도와주는 단체가 있다는 것이었다.

목적지로 선택한 것은 펜실베이니아주 북부의 필라델피아. 상자는 그곳에서

헨리는 상자 속에 들어가 노예 제도가 없는 주로 자기 자신을 보내는 방법을 떠올렸다

노예 제도 반대 단체에게 전달될 것이었다.

공범자

계획을 실행으로 옮기기 위해, 헨리는 두 사람에게 협력을 의뢰했다. 교회의 성가대에서 알게 된 자유민권파 흑인 제임스 스미스, 그리고 몇 달러를 받고 도와주기로 한 지역 구두 장인인 백인 새뮤얼 스미스다.

도주 과정, 단계별 분석

1. 나무 상자

헨리는 목수를 고용해 나무상자를 만들게 했다. 쿠션 대신으로 안쪽에 두꺼운 모포를 붙이고 작은 공기구멍을 3개 뚫었다. 마무리로 라벨 2장을 나무상자에 붙였다.

취급 주의

이쪽 면을 위로

2. 자유로운 하루

3월 29일(목) 아침, 노예 헨리는 담배 공장을 쉬기 위해 일부러 부상을 당했다.

헨리는 황산으로 손에 화상을 입고 병원에 가겠다며 밖으로 나왔다.

하지만 실제로는 공범자 두 사람과 만나러 갔던 것이었다.

3. 우체국

헨리는 두 사람에게 나무상자 배송료를 지불하고, 약간의 물과 비스킷을 가지고 손에 화상을 입은 상태로 상자 안으로 들어갔다.

두 공범자는 무거운 나무상자를 손수레에 실어 우체국까지 운반한 후 필라델피아로 발송하기 위한 절차를 밟았다.

운은 하늘에 맡기고 헨리는 상자 안으로 들어갔다.

당시의 삽화를 기초로 그린 **상자.**

이쪽　면을　위로
펜실 베이 니아 주
필라 델피 아
취급　주의

ADAMS & CO'S EXPRESS.

OFFICE—No. 5 FOURTEENTH STREET,
RICHMOND, VA.

애덤스&컴퍼니 익스프레스 오피스 버지니아주 리치먼드 14번가 5번지
헨리는 상자 운송을 애덤스 익스프레스에 의뢰했다. 배송료 86달러는 헨리의 전 재산 166달러 중에서 지불했다.

4. 여행

상자는 그 날에 먼저 전차로 운반되었다. 그 후 증기선, 기차, 그리고 다시 배에서 기차, 마지막에는 마차로 이동했다.

주의사항을 붙여 놓았음에도 나무상자는 수없이 엎어맞기도 하고, 질질 끌려다니기도 하고, 다양한 방향으로 놓이기도 했다.

그럼에도 헨리는 나무상자 안에서 얌전히, 운반하는 사람들에게 들키지 않도록 소리조차 내지 않았다.

헨리는 반죽음 상태가 되면서도 27시간의 가혹한 여행을 견뎠다.

상자에 담긴 헨리가 이동한 경로.

5. 목적지: 자유

1849년 3월 30일, 드디어 나무상자는 목적지에 도착했다. 밀러 맥킴, 윌리엄 스틸 등 필라델피아 노예 제도 반대 단체의 단원들은 헨리가 든 커다란 나무상자를 받았다.

상자에서 나온 헨리는 그 자리에 있던 사람들이 평생 잊지 못할 유명한 한 마디를 했다.

"여러분, 안녕하십니까?"

그리고 이 순간을 위해 골라둔 성가를 불렀다. 헨리 브라운은 드디어 해낸 것이다. 피로에 지치긴 했지만, 살아 있었다!

기다리고 기다리던 순간. 필라델피아에 도착해 상자에서 나와 수령인에게 인사를 하는 헨리 브라운.

지하철도

'지하철도'는 도망 노예를 지원하는 활동가들의 조직이다.

야간에도 운행되며, 도망 노예는 노예 제도 폐지론자들에 의해 '역'에서 '역'으로 운반되었다. '역'이란 집이나 교회 등 자유를 찾는 여행을 계속할 수 있도록 휴식을 취하거나 음식을 먹을 수 있는 안전한 장소를 가리켰다.

목적지는 때로는 캐나다까지 이르렀다. 백인 활동가는 도망 중인 노예가 붙잡히지 않도록 그들의 주인인 척하는 경우도 있었다.

헨리 브라운은 '지하철도'를 상징하는 존재가 되었다.

도망 그 후

유럽에서의 새로운 생활

연설가로서

당시 33세였던 헨리는 헨리 '박스' 브라운이라는 별명으로 불리며, 자유의 몸이 되어 새로운 인생을 살았다.

헨리는 전 세계 노예의 권리를 위해 정력적으로 싸웠다. 그는 훌륭한 연설가가 되었고, 위대한 위업을 달성한 용감한 사람으로 칭송받았다.

헨리는 뉴잉글랜드에서 노예 제도의 악랄함에 대해 연설했다. 그리고 1849년에는 「헨리 '박스' 브라운 이야기The Narrative of Henry 'Box' Brown」의 출판에도 관여했다.

1850년, 보스턴에서 헨리의 작품 전람회 〈노예의 거울〉이 열렸다.

그 해, 새로이 도망 노예법이 제정되었고, 노예 제도가 없는 주로 도망친 노예를 원래 주인에게 인도하는 것이 법적 의무가 되었다.

이로 인해 브라운은, 이번에는 영국으로 도망칠 수밖에 없었다. 1850년 10월, 나무상자로 도망쳤을 때 도와주었던 성가대 동료 제임스 스미스와 함께 리버풀에 도착했다.

헨리는 스미스와 함께 〈노예의 거울〉전을 개최해 잉글랜드 북부를 순회했다.

그 후 14년 동안, 다양한 장소에서 강연을 하며 상자에 포장되어 탈출한다는 믿을 수 없는 탈출극 이야기를 들려주었다.

1865년, 남북전쟁에서 링컨이 승리해 미국 전역에서 노예 제도가 폐지되자 노예 이야기에 대한 관심은 줄어들었다.

한편으로, 헨리 '박스' 브라운의 이야기는 화제가 되어 사람들의 관심을 모았다. 자유의 몸이 된 헨리는 자신의 이야기를 들려줌과 동시에 마술이나 최면술 쇼로 팬들을 즐겁게 하여 당시의 노예 제도 폐지론자와 비평가들을 당혹스럽게 했다.

도망 노예를 억압하는 새로운 법률 때문에 헨리는 영국으로 이주할 수밖에 없었다.

H 박스 브라운 씨가 거대 인디언 전쟁 디오라마에 등장한다.

MUSIC HALL, SHREWSBURY.

FOR FIVE DAYS ONLY !
MONDAY, TUESDAY, WEDNESDAY, FRIDAY, AND SATURDAY,
DECEMBER the 12th, 13th, 14th, 16th, and 17th, 1859.

MR. HENRY BOX BROWN
THE CELEBRATED AMERICAN FUGITIVE SLAVE,

GRAND MOVING
MIRROR
of
AFRICA & AMERICA !
FOLLOWED BY THE DIORAMA OF THE
HOLY LAND !

Mrs. H. BOX BROWN will appear with
THE GREAT DIORAMA OF THE INDIAN WAR.

영국에서 새로운 가족을 만든 헨리는 25년 후 미국으로 돌아가 흑인의 권리를 위해 계속 싸웠다.

영화

미국 영화 『박스 브라운Box Brown』은 독창적이며 대담한 방법으로 자유를 손에 넣은 노예 헨리 브라운의 놀라운 이야기를 그린 작품이다.

〈노예의 거울〉전 포스터.
헨리는 이 전람회로 그의 창조성을 세상에 알림과 동시에, 경제적인 자립을 시도했다

Los Angeles Examiner

CHARACTER · QUALITY — AMERICA FIRST! — ENTERPRISE · ACCURACY

AN AMERICAN PAPER FOR THE AMERICAN PEOPLE · THE GREAT NEWS-PAPER OF THE GREAT SOUTHWEST

VOL. XXXI-NO. 82 · For complete Weather Reports See Page 7, Part II · LOS ANGELES, SÁBADO, 3 DE MARZO, 1934 · ✸✸CCC · Two Sec.-Part I-FIVE CENTS

악명높은 갱, 존 딜린저가 경비가 삼엄한 교도소에서 보안관의 차로 도주하다

믿을 수 없는 탈출극 나무총을 들이밀다!

존H딜린저

유명한 은행 강도

1903년 미국의 인디애나주에서 태어난 수수하고 반항적인 청년 딜린저는 항상 주머니가 텅 빈 채로 노스캐롤라이나주 무어스빌 마을을 여기저기 떠돌아다니며 자랐다.

해군에 입대하긴 했지만 군대 생활은 그와 맞지 않았다. 무일푼인 딜린저는 마을 친구들과 손을 잡고 식료품점을 습격했다. 하지만 강도질은 실패. 경찰에게 붙잡혀 강도죄로 8년 반을 감옥에서 보낸다.

교도소는 그의 배움터였다. 은행 강도 수법은 전부 그곳에서 배웠다. 딜린저는 가석방되자마자 강도단을 결성, 은행 강도가 되었다. 그로부터 1년 후, 다시 체포된 딜린저는 역사에 남을 탈출극을 선보였다.

멋쟁이 딜린저는 압도적인 인기인이었다. 그는 불황으로 고통 받는 당대 미국 사회에서 정부에 비판적인 수많은 시민들의 영웅이었다.

언제:	어디서:	누가:	재판:	결말:
1934년 3월 3일	인디애나주 레이크군 크라운포인트 교도소(미국)	존 허버트 딜린저	은행 강도로 유죄. 살인죄는 묻지 않았다.	탈옥 성공. 그로부터 4개월 후, 시카고의 영화관 출구에서 경찰의 총에 사망.

빈틈없는 딜린저는 **외부의 힘을 빌리지 않고** 크라운포인트 교도소에서 탈출했다. 릴리안 홀리 보안관의 포드V8을 씩씩하게 운전해, 교도소를 뒤로하고 시카고로 향했다.

전설의 탄생

'완벽'한 강도

젊은 시절 딜린저는 무수히 많은 범죄를 저질렀고, 미국 역사상 가장 창의적이고 화려한 범죄자로 악명을 떨쳤다.

그는 일당과 함께 미국 내의 수많은 은행을 습격했다. 신중히 표적을 선택하고, 효과적인 전략을 짰다.

그들은 경비가 허술한 작은 마을의 작은 은행을 습격했다. 안전한 은신처로 바로 도망칠 수 있도록 대로로 나가기 쉬운 은행이 타깃이 되었다.

습격은 항상 5분 이내에 끝났다. '한 방울의 피도 흘리지 않는다.' 그것이 그들의 신조였다. 그렇게 해서 잡히더라도 처벌을 가볍게 하고자 한 것이다.

하지만 현장의 긴장감은 엄청났다. 기관총과 권총으로 무장한 강도단이 "전원 엎드려!" 라고 외치며 은행에 돌입했다.

일당은 경찰이 자신들을 쏘지 못하도록 인질을 데리고 도주했다.

얌전히 따르다

강도단에게 위협을 받은 손님과 종업원들은 저항하지 않고 따랐다. 몇 분 동안 일당은 금고를 약탈했고, 타이어에서 불꽃을 흩뿌리며 현장을 뒤로했다.

사상자는 없었고, 전리품은 엄청났다. 그들은 계속해서 이 수법을 사용했다.

> 딜린저는 부패한 체제에 맞섰다며 사람들에게 존경을 받았다.
>
> ◆

사람들은 이 이색적인 강도단을 두려워하거나 미워하기는커녕, 오히려 칭송했다. 강도단의 두목은 현대판 '로빈 후드'로 여겨졌다.

딜린저는 흔한 강도와는 달랐다. 인질을 정중하게 대했으며, 금고지기의 기분도 잘 맞춰주었다.

늘 한 발 늦는 경찰

경찰은 강도단의 계획을 예측할 수가 없었다. 이미 딜린저가 현금을 채운 자루를 들고 가버린 후 한발 늦게 현장에 도착하기 일쑤였다. 그래서 경찰은 생사에 관계없이 딜린저를 잡아오는 사람에게는 거액의 현상금을 지불하기로 했다. 이 지명수배 포스터 덕에 딜린저는 일약 스타가 되었다.

한편, 강도단은 호화로운 생활을 하고 있었다. 고급 호텔에서 샴페인을 터뜨리며 성공을 축하했다.

> 1933년부터 1934년 사이에 강도단은 100만 달러 가까운 돈을 훔쳤다

다시 교도소로

하지만 1934년 1월 15일, 그들의 거침없는 범행도 마침내 끝을 맞이했다. 일당은 시카고의 은행을 습격하다가 경찰에게 덜미가 잡혔고, 총격전 끝에 경찰관을 살해한 딜린저는 체포되어 엄중히 경비되는 크라운포인트 교도소에 수감되었다.

하지만, 보안관 릴리안 홀리의 부하들이 소총으로 무장하고 교도소를 경비하는 동안에도 감옥 안에서는 탈옥 계획이 착착 진행되고 있었다.

> 견고한 경비로도 딜린저의 놀라운 탈출극을 막을 수는 없었다.

딜린저는 나무총을 들이밀어 간수를 협박했고, 자신의 독방에 밀어넣었다.

도주 과정, 단계별 분석

이 탈출로 딜린저의 신화가 더 널리 퍼졌다.

1. 가짜 리볼버 권총

딜린저는 감옥 안에서 면도칼을 이용해 나무 조각을 리볼버 권총 모양으로 깎았다. 그리고 좋은 손재주를 살려 구두약으로 나무 권총을 그럴듯한 검은색으로 칠했다.

이러한 수고는 과연 효과가 있어서, 크라운포인트 교도소의 간수는 수제 권총에 그대로 속아넘어갔다.

딜린저는 아무것도 없는 곳에서 교도소의 문을 열 수 있는 '열쇠'를 자신의 손으로 만들어냈다.

2. 잘 속는 간수

1934년 3월 3일, 딜린저는 가짜 리볼버로 간수를 겨누었다.

간수는 진짜라고 믿어버렸고, 저항하는 기색도 없이 딜린저의 독방 문을 열었다.

딜린저의 명성을 익히 들었기에 간수는 그가 들이민 리볼버가 가짜라고는 생각지도 못했다.

마주친 간수들은 차례로 무기를 버렸고, 딜린저는 경찰의 무기고에서 진짜 기관총을 손에 넣었다.

3. 교도소의 파수꾼

양손에 기관총을 든 딜린저는 십여 명의 경찰관을 쓰러트렸다. 경관 중 몇 명은 크라운포인트 교도소의 독방에 던져졌다.

'공공의 적 NO.1'이라 불린 딜린저는 차원이 다른 창의력과 용기를 보여주었다.

드디어 이 무서운 강도범 앞에 길이 열렸다. 딜린저는 채 2개월도 되지 않아 탈옥했다.

4. 보안관의 차로

교도소의 경비원들을 농락한 딜린저는 릴리안 홀리 보안관의 포드 V8을 훔쳐서, 그 번쩍번쩍한 새 차로 시카고 거리를 질주했다.

차량 절도는 딜린저의 큰 실수였다. 훗날 그는 커다란 대가를 치르게 된다.

미국의 신문은 당국의 행동을 비웃는 듯한 제목을 붙였다. 딜린저의 인기는 점점 더 높아졌다.

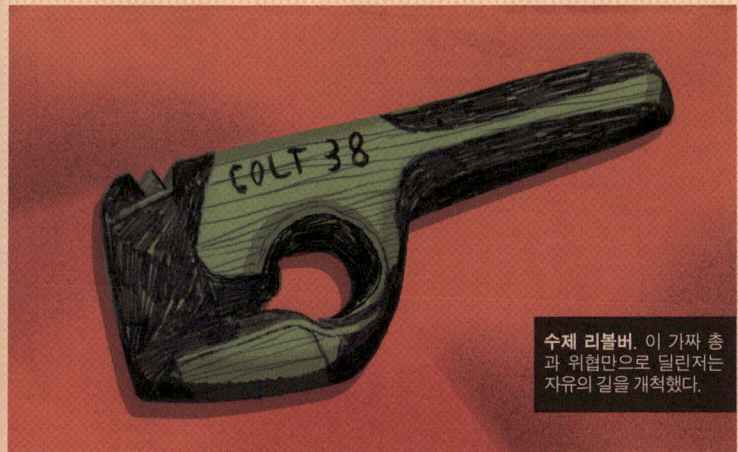

수제 리볼버. 이 가짜 총과 위협만으로 딜린저는 자유의 길을 개척했다.

5. 시카고로 도주

미국 내의 5개 주에서 지명수배 중이던 도망범 딜린저는 몇 개월 전에 알게 된 연인 이블린 프레셋과 함께 시카고로 도망쳤다.

당시 시카고는 마피아의 천국이었다. 그곳에서 딜린저는 유력한 범죄자들과 연결되었고, 다시금 은행 강도가 되었다.

FBI에 쫓기면

딜린저는 항상 유령처럼 경찰의 손에서 쏙 빠져나갔다. 연방 경찰은 그를 붙잡을 방법을 찾지 못하고 있었다.

'공공의 적 No. 1'은 자기도 모르게 도망칠 때 중대한 실수를 범했다. 훔친 차로 2개 주의 경계선을 넘은 것이다. 이것은 연방법 위반이었다. 그때부터 FBI는 그를 체포하기 위해 모든 수단을 동원했다.

수사를 맡은 것은 FBI 시카고지국의 멜빈 퍼비스라는 끈질긴 연방 수사관이었다. 퍼비스는 강도범을 반드시 잡고야 말겠다며 결의를 다졌다.

몇 달 동안, 퍼비스는 딜린저 체포를 위해 모든 힘을 기울였다. 하지만 그 어떤 작전도 통하지 않았다. 총격전이 벌어졌을 때도 딜린저는 총격을 주고받고는 모습을 감췄다.

> 딜린저는 성형 수술을 받아 지문과 얼굴을 바꾼 것으로 알려졌다.

퍼비스가 반쯤 포기하려 했을 무렵, 상황을 뒤집을 전화가 한 통 걸려왔다. 안나 세이지라고 밝힌 루마니아인 여성(본명 아나 칸파나스 Ana Cumpanas)이 건 전화였다. 그녀는 딜린저를 특정해서 신고했다.

세이지는 딜린저의 새로운 연인, 폴리 해밀튼을 통해 그를 알고 있었다. 세이지는 딜린저의 정보를 입국관리국에 넘기고 그 대가로 루마니아로의 강제 송환을

피해야겠다고 생각한 것이었다.

이렇게 세이지는 퍼비스에게 딜린저와 접촉하는 방법을 전달한다.

◆ 1934년 7월 22일 밤, 전설의 강도는 드디어 운이 다했다.

도주한 딜린저를 붙잡기 위해 바리케이드가 설치되었고, **경비원**이 차 안을 조사했다.

안나 세이지는 존 딜린저를 특정한 후 FBI에 연락했다.

안나 세이지가 존 딜린저의 옆에 딱 달라붙어 있어 준 덕분에 연방 수사관은 그를 금방 구별할 수 있었다. 딜린저는 미행당하고 있다는 것을 눈치채고 리볼버를 뽑으려 했으나 즉시 사살되었다.

매복 작전

오렌지색 스커트

안나 세이지는 7월 22일에 딜린저와 그의 연인 폴리와 함께 영화를 보러 가기로 약속했다. 전날 세이지는 퍼비스에게 "장소는 바이오그래프 영화관이나 말보로 영화관. 영화관 출구에서 딜린저를 발견하기 쉽도록 나는 오렌지색 스커트를 입고 가겠다."라고 전달했다.

결국 행선지는 바이오그래프 영화관이 되었다. 영화가 끝난 오후 10시 반경, 연방 수사관은 긴장한 상태로 길가에서 딜린저를 기다리고 있었다. 딜린저는 폴리, 세이지와 함께 영화관을 나와 걷기 시작했다.

뒤를 쫓고 있음을 눈치챈 딜린저는 주머니 속의 리볼버를 찾았다. 하지만 발포할 틈도 없이, 탄환 세례를 받고 길에 쓰러졌다.

인생은 딜린저에게 실로 얄궂은 결말을 준비해 선사했다. 클라크 게이블이 연기한 사형선고를 받은 강도에 대한 영화 『남자의 세계』를 보고 돌아가다 전설의 강도는 그 생애를 마쳤다.

딜린저는 바이오그래프 영화관에서 함정에 걸려 31세라는 젊은 나이에 목숨을 잃었다.

영화

마이클 맨 감독, 조니 뎁 주연의 2009년 영화 『퍼블릭 에너미 Public Enemies』는 딜린저의 생애를 바탕으로 만들어진 작품이다. 그 외에도 맥스 노섹 감독의 1945년 작 『딜린저 Dillinger』, 존 밀리어스 감독의 1973년 작 『딜린저 Dillinger』가 있다.

Daily Mirror

FRI NOV 25

2 D FORWARD WITH THE PEOPLE
No. 16,138

탈출의 명수

알프레드 '후디니' 하인즈

흉악한 절도범, 복역 중이던 노팅엄 교도소에서 도주

유명한 마술사 해리 후디니처럼, '마술'처럼 사라지다

노팅엄 교도소의 6m 높이의 담조차도 알프레드 하인즈의 탈주를 막을 수는 없었다.

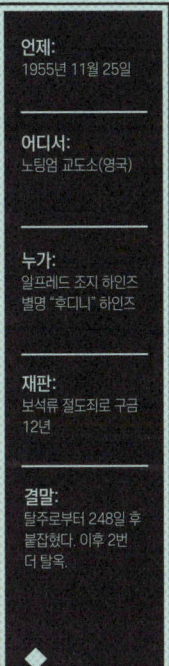

언제:
1955년 11월 25일

어디서:
노팅엄 교도소(영국)

누가:
알프레드 조지 하인즈
별명 "후디니" 하인즈

재판:
보석류 절도죄로 구금
12년

결말:
탈주로부터 248일 후
붙잡혔다. 이후 2번
더 탈옥.

런던의 메이플 보석점에서 빼앗은 전리품.

경찰은 도둑맞은 보석과 현금을 회수하지 못했다

작은 범죄

알프레드 '후디니' 하인즈는 1917년 런던에서 태어났다. 부친이 세상을 떠난 후 고아원에 들어갔는데, 그곳에서 범죄의 기초를 배우고 재능을 갈고닦았다.

하인즈는 어렸을 때 몇 번인가 도둑질을 했었다. 7세 때 고아원에서 도망쳤고, 그 후 들어간 소년원에서도 탈주했다.

그 외에는 이렇다 할 일 없이 제2차 세계 대전 중에는 육군에 입대했다. 하지만 반항적인 하인즈는 군에서 대단한 공적을 남길 수 없었고, 결국 범죄자의 길을 걸었다.

보석 도둑

1953년, 하인즈는 보석점을 습격하는 중대한 강도 사건을 일으켜 체포, 기소되었다. 완고하게 무죄를 주장했으나 징역 12년을 선고받고 노팅엄 교도소에 수감되었다.

도주 계획

하인즈의 탈출 경력은 이제 막 시작되었을 뿐. 훗날 그는 탈출의 달인으로 이름을 떨치게 된다.

관찰력

감옥에서 보낸 최초의 2년 동안 머리 좋은 하인즈는 런던에서 200km 떨어진 노팅엄 교도소에서의 탈옥을 신중하게 계획했다.

하인즈는 간수의 일과를 주의 깊게 관찰하고, 탈출할 수 있을 것 같은 루트도 찾았다.

간수의 근무 체계에 주목해 보니 야간 경비가 허술하

간수가 느슨해지는 밤중에 탈옥하기로 결심한다.

다는 것을 깨달았다. 하인즈는 빈틈없는 대담한 발상으로 각 관문을 빠져나갈 작전을 세웠다.

천재적인 방법으로 문을 열다

당시 노팅엄 교도소의 독방에는 화장실이 없었다. 수감자들은 화장실 대신에 알루미늄 양동이를 변기로 사용했다. 이 양동이가 바로 하인즈가 교도소 문을 여는 열쇠였다.

손재주가 좋은 하인즈는 간수의 열쇠 모양을 기억해 금속 봉으로 완벽한 복제품을 만들어냈다.

하인즈는 탈옥하기 위해 양동이의 금속제 손잡이로 독방의 열쇠와 똑같은 복제품을 만들었다.

마치 사진같이 기억하는 뛰어난 기억력이 여기에 큰 도움이 되었다. 하인즈는 간수가 지니고 있던 열쇠 모양을 정확히 기억해 낼 수 있었던 것이다.

양동이 손잡이 덕분에 하인즈는 자유로 가는 열쇠을 손에 넣었다.

도주 과정, 단계별 분석

1. 만능 열쇠

계획은 어두워진 후 실행되었다. 먼저 수제 열쇠로 독방 문을 열었다.

교도소 안을 경비하던 것은 간수 두 명뿐이었다. 하인즈는 그들에게 발각되지 않고 복도를 나아갔다.

운 좋게도, 어째서인지 이 열쇠 하나로 교도소의 모든 문을 전부 열 수 있었다.

2. 담을 넘다

하지만 아직 돌파해야만 하는 관문이 하나 더 기다리고 있었다. 자유를 막아서는 높이 6m의 담이다.

여기서도 하인즈의 재치와 기술이 빛났다. 그는 아마도 자작 로프를 사용했거나 또는 목공 작업장의 목재를 몇 개 쌓아올리는 방식으로 담을 넘었을 것이다.

3. 차량으로 도주

계속해서 낮은 담과 철조망을 넘어, 드디어 담 너머로 나오자 동료의 차가 기다리고 있었다. 그곳에서 아일랜드의 더블린까지 도망쳐서 몸을 숨겼다.

같은 절도죄로 유죄 판결을 받은 패트릭 플레밍도 같이 탈옥했다.

수사

탈옥한 다음 날 아침, 간수는 텅 빈 하인즈의 독방을 발견했다. 문은 잠겨 있었고 도망친 흔적은 없었다.

노팅엄 교도소의 당혹감은 상당한 것이었다. 간수들은 대체 무슨 일이 일어난 것인지 종잡을 수 없었다. 범인이 탈옥에 쓰인 도구를 가져가기라도 한 것일까?

영국의 언론은 곧바로 유명한 마술사에 비유해 하인즈에게 '후디니'라는 별명을 붙여주었다

전설의 일루셔니스트

해리 후디니

HARRY HOUDINI

미국과 유럽에서 이름을 떨친 **해리 후디니**.

해리 후디니(1874~1926, 본명 에릭 와이즈)는 오스트리아 · 헝가리 제국 출신 마술사이자 탈출 아티스트로, 대담하고 엉뚱한 쇼로 세계적으로 유명해졌다. 가장 높은 평가를 받은 것은 탈출 마술이었다. 해리 후디니는 아무리 견고하게 묶이고 갇혀도 반드시 탈출에 성공했다.

사후 100년 가까이 흐른 지금도 후디니는 전설로서 인구에 회자되고 있다. 마술 역사에 남은 '후디니'라는 이름을 진짜 탈출의 명수인 하인즈에게 붙여준 것도 납득이 간다.

새로운 삶

아일랜드에서 '후디니' 하인즈는 건축과 장식 관련 일을 하면서 새로운 삶을 살기 시작했다. 그런데 눈에 띄지 않게 살기는커녕 보석 강도가 무죄임을 호소하는 일에 안간힘을 썼다.

녹음테이프와 편지를 언론사와 관계 기관에 끈질기게 보내 무죄를 주장했으며, 재심을 요구한 것이다.

하인즈는 몸을 숨긴 채로 무죄를 주장했고, 금세 유명해졌다.

하인즈, 또다시 대성공

있을 수 없는 일이 또다시! '후디니', 재판 중에 법정에서 모습을 감추다.

교도소에서 탈옥하는 것보다 재판소에서 도망치는 편이 더 간단하다는 것을 알고 있던 하인즈는 재판을 받기 위해 경찰을 고소했다

248일간의 도망 끝에, 하인즈는 더블린의 런던 경시청에 붙잡혔다. 소리 높여 자신의 결백을 주장했던 대가를 치르게 된 것이다. 결국 위치가 파악되어 체포되었으며, 런던으로 이송됐다.

하지만 하인즈가 다시 도망치는 데 그리 오랜 시간이 걸리지는 않았다.

화장실 허가를 얻다

런던의 고등법원에 출정했을 때의 일이었다. 지체 없이 진행되던 재판 도중,

하인즈가 화장실에 가고 싶다고 말했고 재판관은 이를 허락했다. 하인즈는 두 사람의 경비원에게 둘러싸여 법정을 뒤로했다.

화장실에서는 동료가 한 명 숨어 기다리고 있었다. 하인즈와 그 동료는 무방비 상태인 경비원을 쇠사슬로 묶었다. 그렇게 유유히 건물 밖으로 나간 후, 사람이 붐비는 플리트 거리로 숨어들어 브리스톨 공항으로 향했다. 하인즈는 비행기로 도망치고자 했으나 계획대로 되지 않았다.

머리가 좋은 하인즈는 **불법으로 체포되었다**며 **경찰을 고소**했다. 법정 출두야말로 도망치기 가장 좋은 기회였다.

더블린행 비행기 속에서 객실 승무원에게 발각된 하인즈는 경찰에 넘겨져 런던의 펜튼빌 교도소에 수감되었다.

놀라운 탈출극으로부터 약 5시간 후, 하인즈는 이륙 직전인 비행기 안에서 붙잡혔다.

1957년 6월, 런던의 펜튼빌 교도소로 향하는 차 안에서 경관과 함께 있는 **알프레드 하인즈.**

세 번째이자······최후의 도주

새로운 위업

기내에서 객실 승무원에게 정체를 들킨 하인즈는 영국에서도 경비가 엄중하기로 유명한 첼름스퍼드 교도소에 수감되었다.

하지만 1년도 지나지 않아 '후디니'는 교도소의 세탁실에서 몰래 탈주했다. 더블린으로 도망쳐 그곳에서 2년 동안 가명으로 살았으나 도난 차량을 운전하던 것이 발각되어 다시 교도소로 돌아가게 되었다.

4년 동안 경비가 엄중한 교도소 두 곳과 재판소에서 도망쳤다.

철벽의 교도소로 알려진 첼름스퍼드 교도소. 당시 탈옥에 성공한 자는 아무도 없었다.

자유가 되어

1964년 형기를 마치고 출소한 유명인 '후디니'는 자신의 터무니없는 모험 이야기에 대한 책을 썼다.

유죄 판결을 받은 후 하인즈는 진짜 법률가가 되었다. 영국 법을 비판하기도 하고 결점을 지적하기도 하면서 세상을 놀라게 했다. 사람들은 하인즈의 말에 귀를 기울였고, 그는 드디어 사회에서 자신의 자리를 찾았다.

EXTRA 호외

San Francisco Chronicle
THE VOICE OF THE WEST

★★★★
최종판

98th YEAR　　No. 162　　CCCCAAA　　LUNES, 12 DE JUNIO, 1962　　10 CENTS　　GArfield 1-1111

'세계 최강의 보안을 자랑하는 교도소'에서 수감자 3인이 탈옥

알카트라즈대탈주

1962년 6월 11일까지 이 무서운 교도소의 탈옥자는 0명

고무보트로 섬을 빠져나온 탈옥자들이 육지에 도착했는지는 불명

세 사람의 탈옥자는 고무보트를 타고 태평양의 거친 파도를 향해 나아갔다.

완벽한 도주?

무장 강도인 프랭크 모리스, 은행 강도인 존과 클라렌스 형제는 다른 교도소에서 탈옥을 시도한 후 알카트라즈 교도소에 수용되었다.

이 유명한 감옥에서 탈출하는 것은 불가능하다고 알려져 있었으나 세 사람은 겨우 몇 달 만에 탈출에 성공했다. 하지만 그 후, 그들이 과연 위험한 태평양에서 살아남을 수 있었을지, 진실은 아무도 모른다.

언제:	어디서:	누가:	재판:	결말:
1962년 6월 11일 ~12일 밤	알카트라즈 교도소, 별명 '더 록'(미국)	프랭크 모리스, 존 앵글린, 클라렌스 앵글린	세 사람의 탈옥자는 무장 강도와 복수의 은행 강도죄로 10년 이상의 형을 선고받은 상태였다	세 사람의 시신은 발견되지 않았으나 생존했다는 증거가 없기에 경찰은 사망으로 추정

난공불락의 요새

샌프란시스코만에 떠 있는 작은 바위투성이 섬, 알카트라즈.
이 섬에 미국 최강의 보안 시스템으로 무장한 교도소가 있다.
바위 위에 건설한 이 교도소에서
터널을 파서 탈출하는 것은 불가능하다.

본관
(독방)

시큐리티
도어

알카트라즈는 흉악범을 갱생시키는 교정 시설로서 정평이 나 있었다.

1. 등대
2. 베이커 비치
3. 의사의 숙소
4. 담
5. 대광장
6. 간수의 숙소
7. 주거용 아파트
8. 선착장
9. 직원의 집회장
10. 발전소
11. 형무작업장
12. 급수탑
13. 운동장

D블록
징벌방
C블록
면회실
B블록
A블록
감시원실
입구
식당
조리장
이발소

교도소에는 4개의 블록이 있으며, 260명 정도의 수감자를 수용하고 있었는데, 거의 전원이 B블록과 C블록의 굉장히 작은 독방에 갇혀 있었다

악명 높은 교도소

1934년, 이 거대한 교도소를 '감옥 중의 감옥'으로 만들 것이 결정되어, 알카트라즈는 전기 펜스, 가시철조망, 두꺼운 쇠창살이 설치된 근대적인 교도소로 다시 태어났다. 감시도 삼엄해졌으며, 하루에 수십 번 점검이 행해지는 등 엄격한 규제가 시행되었다. 미국 전역에서 흉악범들이 알카트라즈로 보내졌다.

수감자 3명마다 간수 한 명을 붙이는 알카트라즈의 체제는 다른 교도소에도 도입되었다.

29
년간
만들어진 이후 연속 가동

14
회
실패로 끝난 탈옥

36
명
탈옥을 시도한 수감자

도주 계획

대담한 발상과 뛰어난 손재주로 탈옥에 성공하다

프랭크 리 모리스, 클라렌스 앵글린, 존 앵글린 등 탈옥자 3명의 경찰 사진.
앵글린 형제는 나란히 붙어 있는 독방에 수용되어 있었다.
모리스와 4번째 공범자 앨런 웨스트(최종적으로는 탈주하지 못함)도 마찬가지로 이웃해 있었다.

자유로 가는 길

수감자들은 엄숙한 교도소의 좁은 독방 속에서 생활했다. 어느 날, 모리스와 앵글린 형제가 작은 목소리로 소곤소곤 탈옥 계획을 세우기 시작했다. 결국 탈출하지 못한 자동차 도둑 앨런 웨스트도 처음에는 계획에 참가했었다.

수감자들이 대화를 나눌 수 있었던 것은 주말의 짧은 휴식 시간뿐이었다.

도주로

4명 중 한 명이 낡은 톱날을 발견한 것이 계기였다. 여기에 망가진 청소기에서 가져온 모터를 달아 간이 드릴을 만들었다.

그들은 드릴, 10센트 동전, 슬쩍한 스푼 등 긁어모은 도구를 사용해 작업에 착수했다. 독방의 환기구 커버를 벗겨 구멍을 넓히고, 어디로 연결되어 있는지 조사한 것이다.

환기구는 독방의 안쪽 벽에 있었다. 앵글린 형제, 그리고 모리스와 웨스트는 각각의 독방이 인접해 있었기 때문에, 2인 1조가 되어 작업했다. 한 명이 구멍을 파는 동안 다른 한 명이 망을 보았다. 소리가 들리지 않도록 음악 활동 시간에 작업을 진행했다.

환기구 커버와 벽처럼 보이게 색칠한 골판지로 넓게 판 구멍을 덮어 두었다.

밤중에 빠져나가다

구멍이 충분히 넓어지자 그들은 밤이면 밤마다 몰래 독방을 빠져나기기 환기 덕트와 그 주변을 조사해 탈출 루트를 생각했다.

모든 준비를 마치고, 탈옥은 6월 11일 밤으로 결정되었다.

탈옥 준비를 위해 독방을 빠져나갈 때는 침대에 머리 모형을 두고 갔다.

비밀 작업장

독방에서 빠져나간 어느 날 밤, 그들은 간수가 없는 장소를 발견해 그곳을 작업장 겸 창고로 삼기로 결정했다.

몇 달에 걸쳐 준비한 탈출에 필요한 물건들:

1.
머리 모형
이발소에서 가져온 머리카락을 붙여 머리 모형을 만들었다.

2.
구명조끼, 고무보트
사거나, 받거나, 훔치거나 해서 모은 50벌 이상의 비옷으로 만들었다.

3.
보트 공기 주입기
우연히 발견한 낡은 악기 부품으로 만들었다.

4.
목제 노 2개
하나는 교도소에서, 또 하나는 근처의 엔젤 섬에서 발견되었다.

환기구

선반

접이식 테이블

휘어지지 않는 쇠창살

2,5 m

폭 1.5m, 너비 2.7m, 높이 2.5m의 **독방** 안은 밖에서 **전부 보인다.**
안쪽 벽에는 작은 세면대와 화장실이 있다.

도주 과정, 단계별 분석

탈옥자 중 하나가 **환기구 덕트**에서 얼굴을 내밀고 빌딩 옥상을 바라보고 있다.

1. 독방 탈출

오후 9시, 최종 점검 후 모리스와 앵글린 형제는 환기 덕트를 통해 독방을 빠져나갔다.

이 때 앨런 웨스트가 낙오되었다. 탈출하지 못한 것인지, 혹은 겁이 나서 움직일 수가 없게 되어버린 것인지는 불명이다. 다른 세 사람은 준비한 도구를 가지고 덕트를 통해 옥상까지 올라갔다.

세 사람이 환기 덕트에서 밖으로 나갔을 때 간수들은 큰 소리를 들었다. 하지만 그 이상은 아무것도 들리지 않았기 때문에 크게 신경 쓰지 않았다.

2. 바다를 목표로

등대 불빛에 발각되지 않도록 주의하면서 세 사람은 살금살금 옥상을 가로질렀다. 건물 외벽에 있는 파이프를 타고 15m 아래 지상으로 내려가 교도소를 감싸고 있는 철조망까지 달렸다. 철조망을 넘어 제방을 타고 섬의 북쪽 해안에 도착한 것은 오후 11시경으로 추정된다.

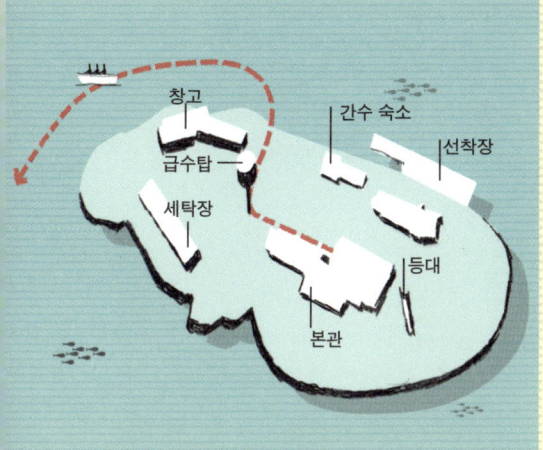

창고
급수탑
세탁장
간수 숙소
선착장
등대
본관

독방이 있는 본관에서 바다까지의 **탈출 루트**.

3. 고무보트

이곳에서 그들은 알카트라즈의 가장 큰 장애물에 부딪혔다. 2km 이상 떨어져 있는 반대편 해안까지 도착하려면 상어가 우글거리는 거친 바다를 건너야 했던 것이다.

어둠 속이라면 한층 더 어려워진다. 그들은 바다를 건너기 위해 필요한 도구를 준비했다.

보트와 급조한 구명조끼는 쓸만할 것 같았다. 추위가 사무치는 한밤중, 모리스와 앵글린 형제는 '세계 최강의 보안을 자랑하는 교도소'를 등지고 전력으로 노를 저었다.

세 사람은 자작 공기주입기로 고무보트에 바람을 넣고, 태평양으로 나섰다.

교도소 옥상으로 나온 탈옥자들은 등대 불빛에 드러나지 않도록 납작 엎드려서 옥상 끝까지 간 다음 외벽을 내려갔다.

수사 기록

경찰은 주변 섬들을 수색했다. 탈옥자의 흔적이 발견되긴 했으나, 그들이 난파당한 것인지, 생존한 것인지는 아직도 불명이다.

아침 점호 때 독방 세 개가 텅 비어 있는 것이 발견되었다.

◆

알카트라즈 섬의 사이렌

세 사람은 알카트라즈에서 탈출하는 데 성공했다. 침대에는 그때까지 계속 야간 순찰을 속여왔던 가짜 머리가 놓여 있었다.

곧바로 알카트라즈 섬 정상에서 요란한 사이렌이 울렸고, 맹추격이 시작되었다.

경찰관, 연방 수사관, 해안 경비대, 경찰견, 군용 헬리콥터가 알카트라즈 섬과 샌프란시스코만의 해안선을 구석구석 수사했다.

죽었나, 살았나?

익사했거나 상어에게 잡아먹혔으리라는 가설이 유력했지만, 이를 뒷받침할 시신은 발견되지 않았다.

알카트라즈의 책임자는 세 사람이 사망했다고 결론을 내렸고, 1979년 FBI는 악명 높은 탈옥 사건에 종지부를 찍었다.

샌프란시스코만에서 가장 큰 섬인 엔젤 섬에서 노가 하나 발견되었다. 세 사람은 여기에 들를 생각이었던 것인지도 모른다.

공범의 도움도 없이 독창적이고 용감한 탈출극을 펼친 그들은 미국에서 가장 유명한 지명수배범이 되었다.

전설은 계속되다

존 앵글린에게서 온 수수께끼의 편지

사건 종결로부터 반세기 후, 캘리포니아주 리치먼드 경찰서에 존 앵글린이 썼다는 편지가 도착했다. 편지에서 존은 다음과 같이 말했다.

1962년 6월, 나는 동생 클라렌스, 프랭크 모리스와 함께 알카트라즈에서 탈출하는 데 성공했다. 나는 현재 83세, 암에 걸려 몸 상태가 좋지 않다. 하지만 그날 밤 우리 세 사람이 간신히 목숨을 건져 탈출한 것은 확실하다.

FBI는 이 편지가 진짜라고도, 가짜라고도 증명할 수 없었다. 알카트라즈 대탈주의 수수께끼는 아직 그대로 남아 있다.

"모두 살아남았다. 그날 밤, 우리는 간신히 탈출했다."

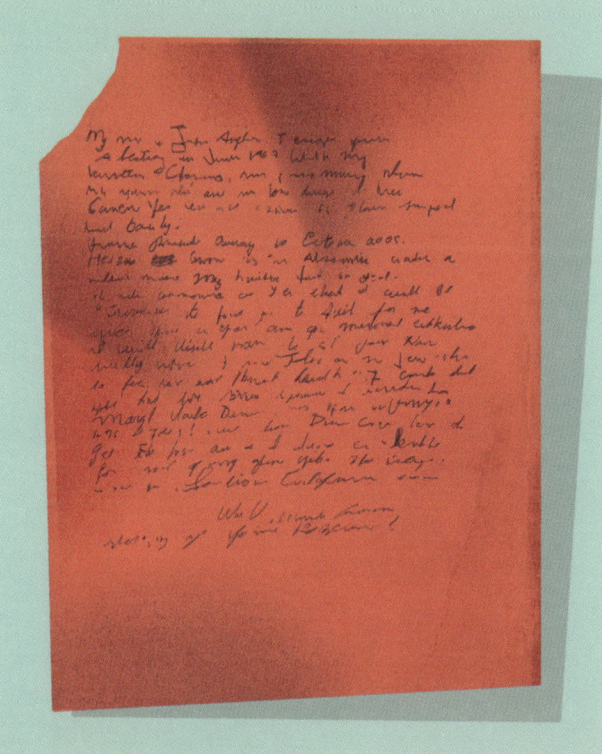

알카트라즈의 최후

알카트라즈 교도소는 중대한 경비 과실에 의한 이 탈옥 사건 몇 달 후, 유지비가 너무 많이 든다는 이유로 폐쇄되었다.

전설의 수감자들

그 긴 역사 속에서, 악명 높은 은행 강도, 갱, 위조품 제조자, 피에 굶주린 살인귀 등 1500명이 넘는 수감자가 알카트라즈에 수감되었다. 모르는 이 없는 갱 알 카포네는 알카트라즈에서 4년을 보냈다. 그 외에도 수감 기간 동안 카나리아 연구와 사육에 몰두한 '버드맨' 로버트 스트라우드 등이 있다.

영화

FBI가 사건을 종결하고 반 년이 지난 1979년, 이 사건을 소재로 한 클린트 이스트우드 주연의 영화 『알카트라즈 탈출 Escape From Alcatraz』이 미국에서 상영되었다.

EL PAÍS

AÑO LII - N° 19.183

MONTEVIDEO, VIERNES 30 de julio de 1971
DIRECTOR FUNDADOR: EDUARDO RODRÍGUEZ LARRETA

EDICIÓN DE 32 PÁGINAS
Precio del ejemplar: $ 20.30

터널을 통해 여자 교도소에서 도망치다

터널을 파서 몬테비데오의 카빌도 교도소에서 탈출하는 여성들. 전원이 게릴라 조직 '투파마로스' 조직원으로, 동료가 교도소 밖에서 이 탈옥을 계획했다.

38명의 영웅들이 벌인 역사적인 탈출극

수감자들은 터널을 빠져나가 하수도로 들어갔고, 그곳에서 근처의 민가로 도망쳤다.

언제: 1971년 7월 30일 밤	어디서: 몬테비데오의 카빌도 교도소(우루과이)	누가: 게릴라 조직 '투파마로스 민족 해방 운동'에 참가한 여성 수감자 38명	재판: 투파마로스에 소속되어 있었기 때문에 다양한 유죄 판결을 받았다	결말: 38명 전원이 도망에 성공. 하지만 몇 년 후에 거의 전원이 다시 체포된다

외부에서의 지원

몬테비데오의 카빌도 여자 교도소에서 38명의 여성 수감자가 탈출했다. 투파마로스 민족 해방 운동에 참가했던 그녀들은 극단적인 좌익 사상을 지녔으며, 1960년대부터 1970년대 초에 걸쳐 도시 게릴라로 활동했다. 당시 우루과이 사람들은 굶주림에 시달리고 있었고, 투파마로스는 정부에 맞서기 위해 들고일어났다.

비밀 작전

투파마로스의 간부는 교도소 밖에서 탈옥을 계획해 '에스트레야(스페인어로 '별', ESTRELLA') 작전'이라고 이름을 붙였다. 그들은 난해한 숫자로 된 암호를 사용해 교도소 안의 동지들과 연락을 취했다.

면회하러 간 가족은 담배 종이에 쓴 암호문을 말아서 수감자에게 전달했다. 암호는 '알약'이라 불렸으며, 입안에 숨겨 운반했다. 그녀들은 받은 암호를 해독해 작전의 진행 상황을 파악했다. 암호와 함께 연필로 그린 작은 도면도 전달했다.

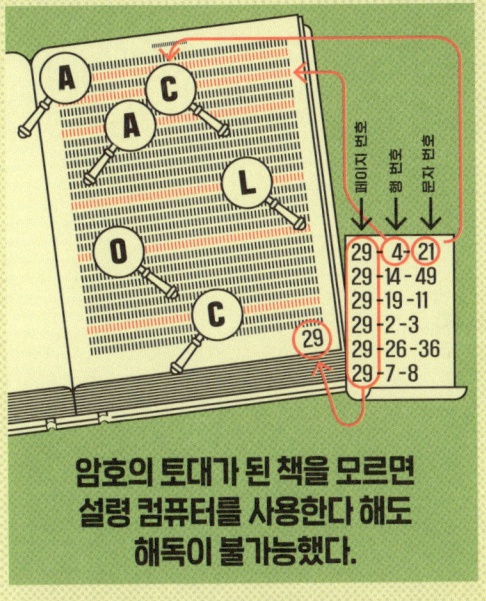

암호를 풀면 **책 속에 있는 문자**가 특정되었다. 페이지 번호, 행 번호, 문자 번호 순서로 되어 있었으며, 해당하는 문자를 늘어놓으면 단어가 나타났다. 그림 속의 암호는 실제로 사용되었던 것. 해독하면 C-L-O-A-C-A(스페인어로 하수도)라는 단어가 된다

어쪽 페이지의 수 / 어쪽 행의 수 / 어쪽 자의 수

29	4	21
29	14	49
29	19	11
29	2	3
29	26	36
29	7	8

암호의 토대가 된 책을 모르면 설령 컴퓨터를 사용한다 해도 해독이 불가능했다.

투파마로스의 상징인 별에서 따와, 탈출 계획에 '에스트레야 작전'이라는 이름이 붙었다

카빌도 교도소는 여자 교도소였다. 탈옥 당시, 수용되어 있던 여성 수감자는 43명으로 전원 투파마로스의 조직원이었다

면밀한 계획

시내의 하수도 일부를 사용해 교도소에서 멀어지고, 그곳에서 지상으로 올라가는 계획이었다.

에스트레야 작전의 1년 전에도 카빌도 교도소에서 탈옥 사건이 있었다. 그녀들 역시 투파마로스 조직원이었다.

교도소 안팎의 투파마로스 조직원에 의한 협동 작전이었다.

13명의 여성들

1년 전, 교도소 안에서 미사가 진행되는 도중 투파마로스 민족 해방 운동에 참가한 여성 수감자 13명이 탈주했다.

이 탈옥 사건을 계기로 카빌도 교도소는 경비를 부엔 파스토르 수녀원의 수녀들이 아닌 여성 경관들이 담당하게 했다.

지난번보다 감시의 눈이 삼엄해졌기 때문에 투파마로스는 이번에는 지하로 탈출하는 것이 좋으리라 생각했다.

도면을 훔치다

투파마로스는 교도소 주변에 오래된 하수도가 지난다는 것을 알고 있었다.

오래된 하수도는 파이프가 두껍기에 걸어서 지나갈 수 있다. 그래서 몬테비데오 시청에서 훔친 도면을 이용해 어떤 하수도를 사용할 것인지를 결정했다.

담장 밖의 투파마로스와 수감자가 멋지게 연계하여,

5개월에 걸쳐 도망 루트를 만들어냈다.

밖에서 안으로

계획은 밖에서 안을 향해 실행되었다. 교도소에서 약간 떨어진 거리에 집을 빌려 우물을 뚫고, 그곳에서 하수도로 연결될 때까지 수평으로 터널을 팠다.

하수도를 이용해 아세베드 디아스 거리와 교차하는 곳까지 지상의 몇 블록에 해당하는 거리를 나아간 후, 마지막으로 교도소 숙소로 이어지는 또 하나의 터널을 팠다.

수감자는 침실로 쓰이는 방의 바닥을 계측해 동료에게 구멍을 뚫을 장소를 정확하게 알렸다.

마중 나온 동료들의 힘을 빌려 여성들이 자유를 찾아 따라간 지하 루트.

빌린 집
(스타트 지점과 골 지점)

오루아르트 거리

아세베드 디아스 거리

코스티투시온 거리

여자 교도소
(카빌도 거리와 니카라게아 거리의 교차 지점)

━━━ 하수도 루트   ━━━ 터널 루트

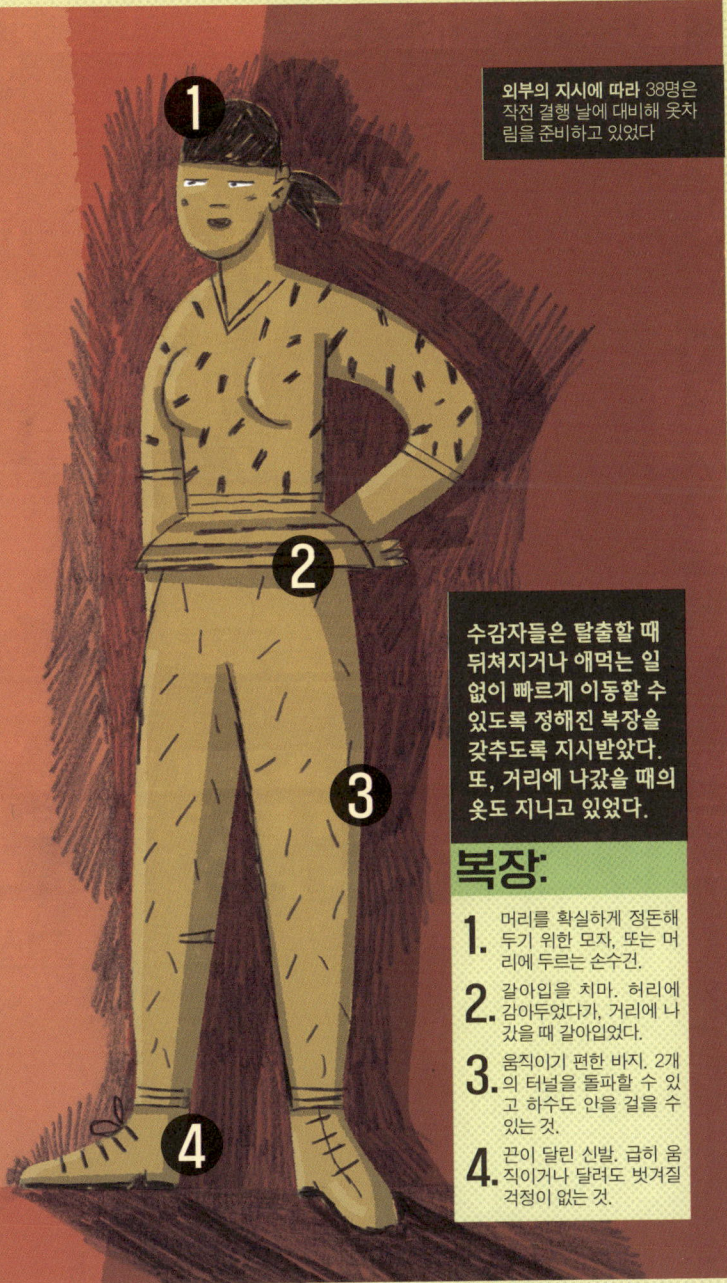

외부의 지시에 따라 38명은 작전 결행 날에 대비해 옷차림을 준비하고 있었다

수감자들은 탈출할 때 뒤쳐지거나 애먹는 일 없이 빠르게 이동할 수 있도록 정해진 복장을 갖추도록 지시받았다. 또, 거리에 나갔을 때의 옷도 지니고 있었다.

복장:

1. 머리를 확실하게 정돈해 두기 위한 모자, 또는 머리에 두르는 손수건.

2. 갈아입을 치마. 허리에 감아두었다가, 거리에 나갔을 때 갈아입었다.

3. 움직이기 편한 바지. 2개의 터널을 돌파할 수 있고 하수도 안을 걸을 수 있는 것.

4. 끈이 달린 신발. 급히 움직이거나 달려도 벗겨질 걱정이 없는 것.

최고 기밀

에스트레야 작전이 알려지지 않도록 계획은 간부급 수감자들에게만 알렸다. 다른 수감자들이 계획에 대해 알게 된 것은 작전 결행 며칠 전이었다.

계획이 전달되자 대부분 참가를 희망했다. 그것은 매우 어려운 결단이었는데, 탈출에 성공한다 해도 그 후 계속 숨어서 살아야만 했기 때문이다.

수감자 중 교도소에 남기를 선택한 것은 겨우 5명이었다.

소리를 감추다

터널이 숙소의 바닥 아래로 이어지면서 수감자들은 터널을 파는 소리를 없앨 방법을 생각해야만 했다. 감옥 안에서 싸우거나, 노래를 부르거나, 큰 소리로 웃거나, 파티를 열면서 간수들을 속였다.

터널을 파는 소리를 없앨 수만 있다면 무엇이든 상관없었다.

도주 과정, 단계별 분석

1. 개시 신호

1971년 7월 30일, 모든 준비가 완료되었다. 밖에서 터널을 파던 동료가 드디어 교도소 아래에 도달한 것이다. 어두워지기를 기다린 다음 숙소 바닥에 구멍을 뚫기로 했다.

22시경, 최종 점호가 끝나자 동료가 바닥을 똑, 똑, 똑 3회 두드렸다. 수감자들은 신호에 응했다.

노크를 신호로 에스트레야 작전이 개시되었다.

2. 직전 준비

수감자들이 베개와 옷으로 만든 인형을 침대에 눕혀 두는 동안 터널을 파는 동료가 드릴로 바닥을 파괴했다.

38명의 여성들은 사전에 이야기해둔 대로 옷차림을 준비했다.

치마를 말아올려 허리에 묶어 두는 것이 중요했다. 탈출할 때 더러워진 바지를 치마로 갈아입고 거리로 나가면 의심받지 않을 수 있기 때문이다.

여성들은 차례로 터널 입구로 사라졌으며, 감옥은 금세 텅 비었다.

3. 터널 입구

한 명씩 미리 정해둔 순서대로 터널 입구로 탈출했다. 몸 상태가 좋지 않은 사람부터 먼저, 마지막은 형기가 긴 사람들이었다.

지하에는 그녀들을 자유로 인도해 줄 동료가 기다리고 있었다.

탈출 전 수감자들은 베개와 잠옷, 갈아입을 옷을 시트 아래에 채워서 마치 침대에서 자고 있는 것처럼 보이게 했다

4. 하수도 루트

여성 수감자와 투파마로스 민족 해방 운동 동료들은 쥐와 악취에 뒤범벅이 되어가며 하수도를 나아갔다. 각 조별로 안내자가 한 명씩 배치되어 손전등으로 어둠을 밝혔다.

계획은 주도면밀했다. 경찰을 혼란시키고 집을 빌린 자의 신원을 감추기 위해 하수도 안에는 가짜 증거를 남겼다.

탈주자들이 바다로 이어지는 하수도를 통해 도망친 것처럼 보이게 했다.

주변의 하수도 뚜껑은 예상치 못한 이유로 경찰이 들어오지 않도록 와이어로 막아 두었다.

터널에서 하수도로 나온 여성들은 손전등 빛에 의지해 앞으로 나아갔다.

면밀하게 준비된 완벽한 탈주

130 CM 하수도의 높이

120 CM 터널의 높이

2 판 터널 수

5 준비에 걸린 기간

2 탈출부터 은신처 도착까지 걸린 시간

5. 은신처

몇 시간 사이에 여성 수감자와 구출대는 전원 탈출에 성공하고 은신처에 도착했다.

그곳에는 수많은 동지가 기다리고 있었다. 그들은 각자 작전 성공을 위해 필요한 무기, 돈, 가짜 서류들을 가지고 왔다.

기뻐하기엔 아직 이르다. 방심은 금물!

6. 도주

은신처의 차고에는 며칠 전부터 투파마로스의 차가 몇 대 세워져 있었다.

아침이 되자 38명의 여성들은 차에 타고 몬테비데오 각지로 흩어졌으며, 다른 동지들과 함께 몸을 숨겼다. 작전은 성공했다.

은신처의 침실에 도착한 탈옥자. 환희의 함성을 지르는 그녀들을 동료 중 한 명이 나무라고 있다. 소리가 밖으로 새어나가면 발각되어 버리고 말 것이다.

수사 개시, 그리고 자유

몸을 숨기다

다음 날 아침, 교도소에 경보가 울렸다. 우루과이의 모든 신문이 그녀들의 탈옥을 보도했다.

바로 경찰이 움직이기 시작했고, 하수도를 샅샅이 수색했지만 이미 그곳에는 아무도 없었다. 38명의 영웅들은 잠시 은신처에 잠복했다가 비밀리에 계속 도주했다.

하지만 2년 사이에 대부분 다시 체포되어 카빌도 교도소보다 더욱 혹독한 환경에서 긴 형기를 보내게 되었다.

경찰은 몇 달에 걸쳐 탈출의 진상을 밝혀냈다.

탈옥자 수색. 몬테비데오의 모든 하수도를 수색했으나 그녀들을 붙잡을 수는 없었다.

대사면

1985년 독재 정권이 끝나자 엠네스티 법(형의 면제)에 의해 투옥되었던 투파마로스 민족 해방 운동 조직원들이 석방되었다.

투파마로스의 유력자인 페페 무히카와 루시아 토폴란스키가 각각 대통령과 부통령으로 취임했다. 토포란스키는 에스트레야 작전의 주역 중 하나였다.

우루과이의 민주화와 함께 석방되어 기뻐하는 **투파마로스 수감자들.**

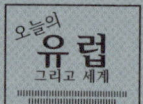
오늘의
유럽
그리고 세계

DIE 🌐 WELT
UNABHÄNGIGE TAGESZEITUNG FÜR DEUTSCHLAND

월면에 착륙한
남자,
성공한 경영자에게
4페이지

Domingo, 16 de septiembre, 1979

Nr. 216 Preis 38 Pf

열기구를 타고
동독에서 탈출

두 가족이 동독의 하늘을 날아 도망치다

독일을 동서로 갈라놓은 국경을 하늘에서 넘어 탈출

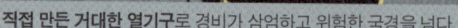

직접 만든 거대한 열기구로 경비가 삼엄하고 위험한 국경을 넘다.

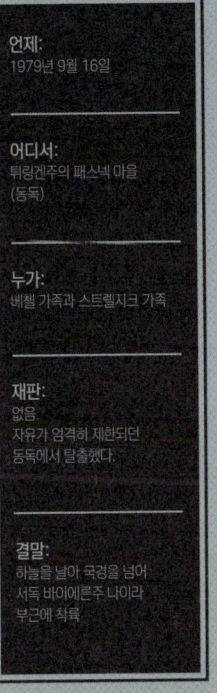

독일

제2차 세계대전 후, 연합국은 패전국인 나치 독일의 영토를 점령했다.

베를린
수도 베를린은 독일민주공화국 영토에 둘러싸여 있었으며, 승전국(소련, 영국, 프랑스, 미국)에 의해 4구역으로 나뉘었다.

서

동

동독
정식 명칭:
독일민주공화국
연합국 중 하나였던 소련에 의해 점령되었다.

서독
정식 명칭:
독일연방공화국
연합국의 3개국(영국, 프랑스, 미국)에 의해 점령되었다.

국경
1000KM 이상에 달하는 철조망과 벽으로 독일이 동서로 분단되었다.

언제:
1979년 9월 16일

어디서:
튀링겐주의 패스넥 마을 (동독)

누가:
베첼 가족과 스트렐지크 가족

재판:
없음.
자유가 엄격히 제한되던 동독에서 탈출했다.

결말:
하늘을 날아 국경을 넘어 서독 바이에른주 나이라 부근에 착륙

분단된 독일

제2차 세계대전(1939~1945)에서 승리한 연합국은 폭격으로 황폐해진 패전국 독일의 영토를 분할했다. 소비에트 연방(현재의 러시아), 영국, 프랑스, 미국에 의해 독일은 두 개의 나라로 분단되었다.

국경 봉쇄

처음에는 분단이 일시적인 것으로 여겨졌다. 실제로 몇 년간은 영국, 프랑스, 미국이 점령한 서독과 소련이 점령한 동독의 국경을 왕래할 수 있었다. 그런데 소련과 미국의 대립이 계속되었기 때문에 동서 독일의 통일은 불가능해지고 말았다.

1961년 8월 어느 날 밤, 소련은 아무런 전조도 없이 동서 독일의 국경을 봉쇄했다. 독일민주공화국의 시민은 어느 날 갑자기 서쪽으로 갈 수 없게 되어버렸다.

벽과 감시탑이 만들어지고 철조망이 설치되었다. 독일민주공화국의 병사들은 사람들이 국경을 넘지 못하도록 감시했다.

몇 천 명의 사람들이 국경 건너편의 사랑하는 사람을 만나러 가기 위해 목숨을 걸고 독일민주공화국에서 도망치려 했다.

베를린은 거리를 가로지르는 벽에 의해 둘로 나뉘었고 수많은 가족이 뿔뿔이 흩어졌다.

탈출극의 주역

두 가족, 8명의 도망자

어떤 신문 기사가……

동독에는 세계와 단절된 수천, 수만의 젊은이가 있었다. 귄터 베첼도 그 중 하나였다. 귄터는 서독과의 국경에서 20km 정도 떨어진 패스벡 마을에 가족과 함께 살면서 벽돌 장인으로 생계를 이어가고 있었다.

귄터와 페터

1978년, 서독에 사는 의붓 누나가 귄터를 방문했다. 의붓누나가 가져다준 여러 가지 물건 중에 낡은 잡지가 있었는데, 미국의 열기구 축제 기사가 실려 있었다.

귄터는 이 기사 내용을 육군의 전기기사이자 비행정비사인 친구 페터 스트렐지크에게 전했다. 그리고, 아이디어 하나가 떠올랐다….

귄터와 페터는 가족과 탈출하기 위해 열기구를 만들어야겠다고 생각했다.

설계하기 위해

열기구 제작을 위해, 귄터와 페터는 도서관에서 정보를 모으기로 했다. 역학, 공학, 물리학 책을 몇 권이고 읽었다. 원래부터 기술과 기계에 관한 지식이 있던 두 사람은 분명 해낼 수 있을 것이라고 믿었다.

귄터에게는 어린 아이들이 있었다. 5살 페터와 2살 안드레아스. 페테에게는 좀 더 큰 아이들, 15살 프랑크와 11살 안드레아스가 있었다.

스트렐지크 가족
1. 도리스
2. 안드레아스
3. 페터
4. 프랑크

베첼 가족
1. 페터
2. 안드레아스
3. 페트라
4. 귄터

페터와 귄터는 다른 동독 국민들처럼 국외로 도망치자는 이야기를 자주 하긴 했지만, 열기구 아이디어가 나올 때까지는 어떻게 해야 할지 골치를 썩이고 있었다.

발각될 위험

당시 동독은 무척이나 혼란스러웠다. 시민 10명 중 한 명은 당국으로부터 뇌물을 받고 이웃이나 친구, 나아가서는 친척의 정보까지 몰래 조사해서 밀고하고 있었다. 누굴 믿어야 좋을지 알 수 없는 상황이었다.

하지만 페터의 아내 도리스와 귄터의 아내 페트라는 이 계획에 찬성했다. 두 가족은 자택의 지하실에서 작업에 착수했다. 준비는 비밀리에 진행되었다.

수제 열기구의 설계와 제작

작업 개시

설계도가 완성되자마자 바로 필요한 재료를 찾기 시작했다.

비밀경찰(슈타지)의 의심을 사지 않도록 분담해서 동독 내의 상점을 돌아 천 등의 재료를 구입했다. 전문가가 사용하는 양질의 물건은 아니었으나, 그래도 쓸만은 했다.

> **구피를 만들기 위해서는 1000m² 이상의 천을 바느질 해야만 했다.**

구피

구피는 비단과 시트, 텐트, 우산 조각 등을 사용해 수동 재봉틀과 튼튼한 실로 바느질했다.

버너와 곤돌라

프로판 가스 탱크를 밸브에 연결해 가스와 불꽃을 조절할 수 있도록 한 버너를 만들었다.

곤돌라는 철판을 기둥 몇 개에 용접해 완성했다. 기둥과 기둥 사이에는 로프를 여러 개 꼬아 묶었다.

시행착오

48개의 세로 재봉선을 따라 나일론 끈을 바느질해 구피와 곤돌라를 연결하자 기구가 완성되었다.

드디어 테스트 비행이 시작되었지만 생각대로 잘 되지 않았다. 그들은 성공할 때까지 몇 번이고 다시 시도했다.

베첼 가족과 스트렐지크 가족을 태우고 날아가는 열기구.

도주 과정, 단계별 분석

1979년 9월 16일 이른 새벽, 탈출 계획이 실행되었다.

1. 선택한 장소

악천후가 며칠 동안 계속된 후, 드디어 비행에 적합한 밤이 찾아왔다. 한밤중도 지났을 무렵, 두 가족은 열기구를 차에 싣고 고향마을 패스넥 부근에서 가장 높은 언덕으로 향했다. 미리 결정해 두었던 장소였다. 숲속 공터에 도착하자 나무랄 데 없는 바람이 불어왔다.

열기구를 차에서 내리기 전에 미행당하지 않았다는 것을 확인했다.

동부
독일민주공화국
동독

출발지점
패스넥

도착지점
바이에른주 나이라

서부
독일연방공화국
서독

2. 탑승

오전 1시 반경, 서둘러 기구를 조립하고 로프로 지면에 고정했다. 선풍기를 사용해 5분 만에 구피를 가득 부풀려 준비 완료!

가족들이 모두 올라타고 버너에 불을 붙이자 금새 구피가 부풀며 곤돌라가 지면에서 떠올랐다. 페터와 귄터는 지면에 연결되어 있던 로프를 자르고……

흥분과 긴장 속에서 열기구는 지면에서 떠올라 날기 시작했다.

3. 위로

곤돌라가 흔들려 작은 불이 옮겨붙었으나 소화기로 꺼서 어찌어찌 무사히 넘어갔다. 열기구를 묶었던 로프 중 하나가 프랑크의 얼굴에 맞기도 했지만 다행히 경상이었다. 그런데, 정말 운이 나쁘게도 구피에 구멍이 뚫려 있었다! 그래서 버너의 불이 꺼지지 않게 해야만 했다.

그럼에도 열기구는 지상 2000m까지 상승했다. 기온은 약 영하 10도, 강한 바람이 불었고 열기구는 굉장히 빠르게 나아갔다.

20분 정도 지나자 버너가 꺼지고, 가스가 나오지 않게 되고 말았다!

최후의 준비. 도망자들은 숲속 공터에서 열기구를 지면에 연결하고 구피를 부풀렸다.

전원 무사. 귄터 베첼이 약간 부상을 입은 정도였고, 전원이 자기 발로 곤돌라에서 내릴 수 있었다.
믿을 수 없지만, 큰 사고도 부상도 없었다!

4. 아래로

열기구는 조금씩 고도를 낮추기 시작했으나, 구피 속의 공기가 완전히 냉각되자 떨어지는 속도가 순식간에 빨라져 제어 불능 상태가 되었다.

8명의 탑승자들은 몸을 맞대고 위험한 착륙에 대비했다. 떨어지는 곳이 거의 보이지 않은 채 나무에 충돌했다.

강한 충격에도 불구하고 크게 부상당한 사람 없이 전원 무사했다!

5. 지면에 내려서다

어디에 착륙했는지는 알 수 없었지만 그들은 서독에 도착했다고 믿고 남쪽으로 걸어가기 시작했다.

착륙에는 성공했지만, 국경을 넘었는지 아닌지는 아직 알 수 없었다.

이윽고 익숙하지 않은 간판과 동독제가 아닌 트랙터가 보였다.

탈출 성공이다! 모두 믿을 수가 없었다……

자유다!

그들은 국경을 넘어 서독에 있었다!

스트렐지크 가족과 베첼 가족은 곡물 밭에 내려섰다. 그곳은 서독 바이에른주에 있는 나이라 마을 근처로, 국경에서 10km 정도 떨어진 곳이었다.

벽과 철조망으로 나뉜 무서운 국경 위를 날아서 건너 도망자들은 동독에서 탈출한 것이다. 너무나도 기뻐서 어찌할 수가 없었다!

DIE 🌐 WELT

동독과
서독에서는
어떻게
받아들였는가?

새로운 인생

도망자들은 "이념 때문에 동독에서 도망쳐왔다." 라고 경찰에 설명했다. 서독 여권을 받았고, 새로운 생활이 시작되었다.

그들은 동서 독일 역사의 한 페이지에 멋지게 기록되었다.

얼마 지나지 않아 베첼 가족은 미디어 출연을 피했고, 스트렐지크 가족이 주목을 받게 되었다.

동독

서독에서 영웅이 된 도망자들은 동독에서는 배신자, 국가의 적으로 여겨졌다.

서독

신문들이 모두 스트렐지크 가족과 베첼 가족의 탈출극을 기사화했다. 그들은 취재에 응했고, 이내 유명해졌다.

영화

탈출로부터 3년 후인 1982년, 디즈니는 이 이야기를 『심야의 탈출 Night Crossing』로 영화화했다. 주연은 페터 스트렐지크 역에 존 허트, 귄터 베첼 역에 보 브리지스.

기뻐하며 새로 받은 서독 여권을 보여주는 **귄터 베첼과 페터 스트렐지크**.

배식구를 통과해 모습을 감춘 죄수

요가로 탈출

최갑복은 몸을 구부려서 좁은 틈새로 빠져나갔다.

언제:	어디서:	누가:	재판:	결말:
2012년 9월 17일	대구동부경찰서(한국)	요가 마스터 도둑, 한국인 최갑복	강도 용의로 구금 중	곧바로 붙잡혀 다시 구속되었다

탁월한 요가 마스터

독방 안에서 요가를 하는 **최갑복**.

죄수
최 갑 복

2012년 9월 12일, 49세였던 최갑복은 강도죄로 기소되었다. 경찰은 그를 대구동부경찰서로 연행했고, 최갑복은 독방에서 재판을 기다리고 있었다.

최갑복이 붙잡힌 것은 이것이 처음이 아니었다. 그는 상습범으로, 지난 23년간 수도 없이 교도소를 들락날락했다.

최갑복은 긴 감금 생활 동안 요가 수행에 전념해 뛰어난 요가 실력을 지니게 되었다.

예상 밖의 계획

최갑복은 요가 기술을 쓰면 독방에서 탈출할 수 있다는 것을 깨달았다.

1주일도 지나기 전에

최갑복은 흉악범이자 책략가였다. 이때는 5일 만에 탈옥했다

그가 생각한 탈출 방법은 놀라울 정도로 단순했다. 바로 배식구로 도망치는 것. 단순하지만 멋진 아이디어였다. 이렇게 좁은 곳을 사람이 빠져나가다니, 그 누가 상상이나 할 수 있었을까.

약간의 사전 조사와 오일

이 도망 계획에는 준비가 거의 필요하지 않았다. 간수의 위치와 밖으로 나가는 출구를 확인하고, 더 잘 미끄러지게 하기 위해 오일을 입수하기만 하면 충분했다.

도주 과정, 단계별 분석

1. 오일과 베개

아직 해도 뜨지 않은 이른 새벽 5시경, 아침 요가를 마친 최갑복은 독방의 쇠창살 아래 틈새를 빠져나가기 쉽게 하기 위해 전신에 오일을 발랐다. 각오는 되어 있었다.

사라졌다는 것을 간수가 알아채지 못하도록 모포 아래에 베개를 두고 마치 사람이 자고 있는 것처럼 보이게 했다.

2. 틈새

최갑복은 바닥에 똑바로 누워 위를 향한 채로 머리를 틈새 사이로 넣어보려 했지만 지나갈 수 없었다.

엎드려서 머리를 옆으로 돌리자 간신히 틈새를 통과했다.

한쪽 팔에 이어 반대쪽 팔도 통과시켰다. 허리가 걸리긴 했지만 바지를 벗어서 무사 통과!

폭 45cm, 높이 15cm의 틈새를 빠져나왔다.

3. 간수

최갑복은 문어처럼 흐물흐물하게 움직이며 1분도 걸리지 않아 이런 묘기를 성공한 것이다.

최갑복은 바지를 다시 입고 간수들의 책상 앞을 몰래 통과했다.

그리고 드디어 창문을 통해 도로로 뛰어내렸다.

4. 산으로 도망치다

경찰서를 탈출한 최갑복은 인근 민가에서 차와 신용카드를 훔쳤다.

도로를 몇 km 정도 달리자 경찰 검문소가 보였다.

검문소 200m 앞에서 최갑복은 차를 버릴 수밖에 없었다. 그 후 도보로 이동해 산에 몸을 숨겼다.

배식구
폭 45cm
높이 15cm

창문
지면으로부터
2m

독방 3호실

최갑복, 도망의 수수께끼

1. 폭 45cm, 높이 15cm의 틈새를 단 34초 만에 통과.
2. 어떤 죄수는 최갑복이 몸에 연고를 바르는 것을 보았다고 증언.
3. 독방을 감시하고 있어야 했던 간수가 방범 카메라에 찍혀 있지 않다.
4. 지면으로부터 2m 높이의 창문으로 탈출.

최갑복은 마을을 빠져나가 남산으로 도망쳤다.

경찰, 추격 개시

최갑복이
없어졌다는 것을
간수가 알아챈 것은
아침 6시가 지나서였다.
탈출한 후 이미 70분이
경과해 있었다.

경비 과실

간수는 밤중에 몇 번이나 잠들어 버렸다고 고백했다. 또, 인터넷 서핑에 정신이 팔려있었던 것도 인정했다.

얼빠진 간수가 탈출 성공의 열쇠가 되었다.

경찰은 며칠에 걸쳐 도로를 봉쇄하고 헬리콥터와 경찰견을 동원해 대규모 수색을 진행했다.

최갑복은 남산과 화악산에 몸을 숨기고 밤마다 움직이면서 발견되지 않으려 발악했다.

최갑복은 1주일 정도 경찰을 애먹였다.

도망친 곳에서 30km 남쪽에 있는 밀양시에서 최갑복을 보았다고 말하는 사람이 속출했기에, 400명 정도의 경찰관이 동원되었다.

포위망 강화

6일에 걸친 필사적인 수색 끝에 최갑복은 밀양시의 빌딩 옥상에서 발견되었다. 그는 억울하다고 주장했으나 무정하게도 탈출한 경찰서로 다시 돌아가게 되었다.

이번 감옥의 배식구는 높이 10cm, 폭 12cm였다.

과연 요가 마스터 최갑복은 다시 탈출할 수 있을 것인가?

LaJornada

SÁBADO 11 DE JULIO DEL 2015
MÉXICO, DISTRITO FEDERAL · AÑO 31 · NÚMERO 11.027 · www.jornada.unam.mx
10 PESOS

탈주

마약왕, 멕시코 최고의 보안을 자랑하는 교도소에서 탈주

"EL CHAPO"
엘 차포

환기구, 조명, 난간이 달린 1500m짜리 터널을 동료들이 만들어 주었다.

교정당국, "알티플라노 (ALTIPLANO 엘 차포가 수감되었던 교도소)는 탈출 불가능".

언제:	어디서:	누가:	재판:	결말:
2015년 7월 11일	알티플라노 교도소 (멕시코)	호아킨 구스만 로에라 통칭 '엘 차포'	마약 밀수로 20년의 금고형	미국에서 붙잡혀 종신형 판결

호아킨 '엘 차포' 구스만
세계에서 가장 중요한 지명수배범

워싱턴은 엘 차포에 500만 달러의 현상금을 걸었다. 오사마 빈 라덴 이후 최고액.

스페인어로 '꼬마'라는 뜻인 '엘 차포'라는 별명으로 불리는 호아킨 구스만 로에라는 멕시코 북부의 작은 시골 마을에서 태어났다.

젊은 시절부터 지역의 다양한 마약 밀수 조직에 출입했으며, 일류 마약상으로부터 배울 수 있는 것은 전부 배웠다. 35세 때 보스가 투옥되자 그는 마약 밀수 조직 '시날로아 카르텔'을 설립해 새 보스가 되었다.

그 후 멕시코와 미국을 연결하는 터널망을 구축해 막대한 양의 마약을 미국으로 밀수했다.

RECOMPENSA 현상금 DE HASTA:
$5,000,000 DE DÓLARES
체포에 도움이 되는 정보에 대해 최고 500만 달러
POR INFORMACIÓN QUE CONTRIBUYA A SU ARRESTO

Joaquín Guzmán Loera "El Chapo" 호아킨 구스만 로에라 '엘 차포'

겨우 4년 만에 시날로아 카르텔은 세계 최고의 흉악한 범죄조직으로서 그 지위를 확립한다.

모든 것이 순풍에 돛을 단 것 같았다. 하지만 1993년, 엘 차포는 과테말라 국경에 인접한 멕시코 남부 치아파스주 부근에서 경찰에 체포되었다.

미국 경찰은 500만 달러의 현상금을 제시했다.

알티플라노 교도소

세계 최고의 마약왕은 연방 사회 재적응 센터 1호관에 2년간 수감되었다. 그 후 징역 20년을 선고받고 최고의 경비를 자랑하는 알티플라노 교도소로 이송되었다. 엘 차포는 호화로운 독방에서 시날로아 카르텔을 지휘하며, 뇌물과 협박으로 다양한 특권을 향유했다.

알티플라노 교도소에서는 '보스'로 통했다.

알티플라노 탈출

보스는 알티플라노 교도소에 9년밖에 머물지 않았다. 2001년 1월 18일, 세탁 카트 속에 숨어 탈출한 것이다. 매수된 직원 15명이 출구까지 통하는 6개 감시 지점에 서서 보스를 못 본 척 했다.

탈옥으로 인해 엘 차포의 악명은 더욱 높아졌다.

엘 차포는 13년 동안 도망자 생활을 했다. 안전한 장소를 연결하는 고도의 터널 시스템을 사용해 이동했기 때문에 경찰은 그가 있는 곳을 쉽게 특정할 수 없었다. 멕시코와 미국의 첩보기관은 손을 잡고 몇 달에 걸쳐 수색에 임했다. 이 작전은 '두더지'라 불리는 정보 제공자에 의존하며 극비리에 진행되었다. 드디어 2014년 2월 22일, 엘 차포는 멕시코의 관광 도시 마사틀란에 붙잡혔다.

수색 작전은 총 한 발 쏘지 않고 부상자도 없이 성공적으로 마무리되었다.

엘 차포는 수많은 경비원에게 둘러싸여 엄중하게 경비되는 알티플라노 교도소로 이송되었다. 알티플라노 교도소는 멕시코시티의 약 90km 서쪽에 위치하며, 남미에서 가장 안전하고 견고한 교도소로 알려져 있었다. 이 담을 넘어 탈출한 수감자는 단 한 명도 없었다.

밀수 조직의 동료가 이송 중인 엘 차포를 구출하지 못하도록 언제 어디로 이동시킬 것인지는 극비였다.

도주 계획

집

탈옥 계획은 시날로아 카르텔의 장기인 터널 건설을 중심으로 진행되었다.

엘 차포의 아들들이 교도소 근처에 집을 사고, 곧바로 작업이 개시되었다.

뇌물

터널을 파면서 생기는 소음과 민폐 행위는 뇌물을 주어 입막음했다.

터널

조명, 환기구, 난간을 갖춘 1500m의 고성능 터널 안에서 약 1년에 걸쳐 굴착 작업이 진행되었다.

외부와의 연락

알티플라노 교도소에서도 엘 차포는 특별 대우를 받고 있었다. 감옥 안에서 범죄를 계속 지휘했으며, 당연히 탈옥도 계획했다.

GPS 시계

GPS 기능이 달린 손목시계 덕분에 터널 기술자는 엘 차포가 갇힌 독방의 정확한 위치를 파악할 수 있었다.

탈출이 점점 현실감을 띠게 되었다.

도주 과정, 단계별 분석

2015년 7월 11일 토요일, 탈출 계획이 실행되었다. 엘 차포의 동료들도 주말은 감시가 허술해진다는 것을 알고 있었다.

2. 터널까지 가는 길

10m짜리 덕트를 내려가자 터널로 이어졌다. 엘 차포는 동료가 덕트 안에 준비해 둔 사다리로 내려가기만 하면 되었다.

3. 터널

터널은 알티플라노를 가로지르듯이 1500m나 이어져 있었다. 환기구나 조명도 완비되어 있었으며, 토사 반출용 개조 바이크가 레일 위에 준비되어 있었다.

동료는 엘 차포를 바이크에 태워 출구까지 데려갔다.

1. 샤워

엘 차포는 독방 20호실에서 평소의 토요일 밤과 마찬가지로 TV를 보고 있었다. 20시 52분, 커다란 망치 소리가 들린 후 샤워실 창살에서 준비 완료 신호가 들렸다.

엘 차포는 침착하게 구두를 신고 샤워실 바닥의 문을 들어 올리더니 동료가 판 구멍으로 미끄러져 들어갔다. 샤워실은 칸막이로 둘러싸여 감시 카메라의 사각지대였다.

엘 차포는 몸을 굽혀 감시 카메라의 사각지대에 있는 구멍으로 모습을 감추었다.

엘 차포는 2014년 2월부터 감금되었던 경비가 엄중한 교도소에서 탈주했다.

20:52

엘 차포가 샤워실에 들어갔다. 오랫동안 감시 카메라에 죄수의 모습이 보이지 않는 것을 눈치챈 간수가 독방으로 가 보니 이미 텅 비어 있었다.

터널 안에서 발견된 것

1. 환기 덕트
2. 산소통
3. 조명 장치
4. 공구, 연료, 건설 자재

탈출 루트

알티플라노

경비가 가장 엄중한 연방 교도소.

특별 관리 구역, 2번 통로, 20호실.

1 엘 차포의 독방 샤워실 바닥에는 직경 50cm, 깊이 1.5m의 구멍이 뚫려 있었다.

50 cm

2 구멍은 사다리가 달린 길이 10m짜리 덕트와 연결되어 있었다.

10 m

5 터널 출구는 교도소 근처 마을에 있었다.

3 덕트는 길이가 1500m 이상인 터널로 연결되어 있었다.

4 터널 안에는 레일 바이크가 준비되어 있었다.

1,500 m

4. 산타 후아니타 마을

터널 출구는 탈출 작전을 위해 구입한 공사 중인 집으로 연결되어 있었다.

5. 트럭과 소형 비행기

집에서는 4WD 바이크로 비밀 창고로 향했다. 그곳에서는 엘 차포를 산타 후아니타까지 옮길 트럭이 기다리고 있었다.

산타 후아니타에서는 엘 차포의 고향 시날로아주로 가기 위해 파일럿 '카친바'가 대기하고 있었다.

구입한 **집**은 교도소 북서쪽에 있는 작은 산타 후아니타 마을에 있었다.

엘 차포를 은신처로 데려가기 위해 **비밀 활주로**가 사용되었다.

수사 기록

알티플라노의 경보

탈출로부터 25분 후, 독방의 카메라를 감시하던 간수가 20호실에 아무도 없다는 사실을 눈치챘다.

독방을 조사하던 간수 둘은 샤워실 바닥에 직경 50cm의 구멍이 뚫려 있는 것을 발견했다. 그럼에도, 그 후로 20분이 더 경과해도 독방으로 달려오는 사람은 아무도 없었다. 교도소의 경보가 울릴 때까지 어째서 이 정도의 시간이 걸린 것인지는 이 탈주 사건을 둘러싼 커다란 수수께끼 중 하나다.

엘 차포의 탈옥으로 인해 남미에서 가장 엄중한 교도소의 부패가 밝혀지게 되었다.

수색

교도소는 탈옥을 신고하고, 치안 부대는 경계 태세를 구축했다.

엘 차포는 다시금 탈옥해 멕시코의 치안 부대를 웃음거리로 만들었다.

주위의 국제공항은 폐쇄되었고, 인접한 주로 가는 도로에는 검문소가 설치되었다.

경찰은 집까지 터널을 따라갔다. 터널 안에서 발견한 것은 산소통, 연료 탱크, 파이프 등 공사에 쓰인 도구들뿐으로, 엘 차포의 흔적은 단 하나도 없었다.

공범자

불굴의 알티플라노도 엘 차포의 집념어린 계획을 당해내지 못했다.

교도소 직원들은 즉시 전원 감금되어 경찰의 조사를 받았다.

알티플라노의 직원 18명이 마약왕과 공모한 혐의를 받았다.

영화

2016년 작 『엘 차포: 세기의 탈옥Chapo : el escape del siglo』은 마약왕의 현란한 탈출극을 그린 멕시코 영화이다.

미국

반년 후, 엘 차포는 시날로아주 로스모치스에서 다시 체포되었다. 이번에는 미국으로 이송되어 세기의 대 재판을 받았다.

배심원은 마약밀수 죄로 종신형을 선고. 엘 차포는 미국의 지옥 같은 교도소에 들어가게 되었다. 지금도 그는 그곳에 갇혀 있다.

해군은 다른 연방군을 이끌고 시날로아 카르텔(Cártel de Sinaloa, 멕시코의 마약 밀수 조직)의 보스를 체포했다.

지명수배:

헨리 브라운

자기 자신을 상자에 포장해 우편으로 발송, 27시간이나 되는 긴 여행을 버텨내다.

평생의 자유를 손에 넣었다.

자코모 카사노바

베네치아의 악명 높은 감옥 '피옴비'에서 탈출하다. 마술을 사용했다는 이유로 고발당했다.

존 H 딜린저

흉악강도범, 나무총 하나로 교도소에서 탈출. **체제에 맞서 싸움으로써 미국의 민중 영웅이 되었다**

알프레드 '후디니' 하인즈

그 어떤 엄중한 경비를 자랑하는 교도소라 해도 탈출에 성공했다. 뛰어난 지능으로 훗날 법학사가 되었다.

프랭크 모리스와
앵글린 형제

알카트라즈 섬에서 건너편 해안까지 이어지는 위험한 바다를 과연 뗏목 하나로 건넌 것인지, 혹은 태평양에서 목숨을 잃었는지, 진상은 알 도리가 없다.

어느 날 밤, 알카트라즈 형무소의 독방에서 돌연 모습을 감추었다.

최갑복

한국의 도둑, 있을 수 없는 탈출극으로 대구경찰서에 수치를 안기다.

불가능한 일을 해냈다.

38명의
영웅들

게릴라 조직 '투파마로스' 동지들의 도움을 받아 몬테비데오 시의 지하를 통해 탈출하다.

전원 멋지게 탈옥 성공.

두 가족

8명의 도망자, 독일을 동서로 나눈 국경을 넘어 서독으로 이주하다.

그 위업으로 유명인이 되었다.

호아킨
'엘 차포'
구스만

독방의 감시 카메라를 아랑곳 하지 않고 알티플라노 교도소에서 모습을 감추었다.

1500m 길이의 터널 덕분에 동료들에게 구출되었다.

전설의 대도둑과 세기의 탈주극

초판 1쇄 인쇄 2026년 2월 10일
초판 1쇄 발행 2026년 2월 15일

저자 : 솔레다드 로메로 마리뇨
그림 : 훌리오 안토니오 블라스코
번역 : 문성호

펴낸이 : 이동섭
편집 : 이민규
디자인 : 조세연
기획 · 편집 : 송정환
영업 · 마케팅 : 조정훈
e-BOOK : 홍인표, 김은혜, 정희철
라이츠 : 서찬웅
관리 : 이윤미

㈜에이케이커뮤니케이션즈
등록 1996년 7월 9일(제302-1996-00026호)
주소 : 08513 서울특별시 금천구 디지털로 178, B동 1805호
TEL : 02-702-7963~5 FAX : 0303-3440-2024
http://www.amusementkorea.co.kr

ISBN 979-11-274-9919-8 03900

"Robos de leyenda"(Famous Robberies) and
"Grandes fugas de la historia"(Famous Escapes)
by Soledad Romero and Julio Antonio Blasco
© Zahorí Books, 2020, 2021
www.zahoribooks.com

창작을 위한 자료집

AK 트리비아 시리즈

-AK TRIVIA BOOK

환상 네이밍 사전
신키겐샤 편집부 지음 | 유진원 옮김
의미 있는 네이밍을 위한 1만3,000개 이상의 단어

중2병 대사전
노무라 마사타카 지음 | 이재경 옮김
중2병의 의미와 기원 등, 102개의 항목 해설

크툴루 신화 대사전
고토 카츠 외 1인 지음 | 곽형준 옮김
대중 문화 속에 자리 잡은 크툴루 신화의 다양한 요소

문양박물관
H. 돌메치 지음 | 이지은 옮김
세계 각지의 아름다운 문양과 장식의 정수

고대 로마군 무기 · 방어구 · 전술 대전
노무라 마사타카 외 3인 지음 | 기미정 옮김
위대한 정복자, 고대 로마군의 모든 것

도감 무기 갑옷 투구
이치카와 사다하루 외 3인 지음 | 남지연 옮김
무기의 기원과 발전을 파헤친 궁극의 군장도감

중세 유럽의 무술, 속 중세 유럽의 무술
오사다 류타 지음 | 남유리 옮김
중세 유럽~르네상스 시대에 활약했던 검술과 격투술

최신 군용 총기 사전
토코이 마사미 지음 | 오광웅 옮김
세계 각국의 현용 군용 총기를 총망라

초패미컴, 초초패미컴
타네 키요시 외 2인 지음 | 문성호 외 1인 옮김
100여 개의 작품에 대한 리뷰를 담은 영구 소장판

초쿠소게 1,2
타네 키요시 외 2인 지음 | 문성호 옮김
망작 게임들의 숨겨진 매력을 재조명

초에로게, 초에로게 하드코어
타네 키요시 외 2인 지음 | 이은수 옮김
엄격한 심사(?!)를 통해 선정된 '명작 에로게'

세계의 전투식량을 먹어보다
키쿠즈키 토시유키 지음 | 오광웅 옮김
전투식량에 관련된 궁금증을 한 권으로 해결

세계장식도 1, 2
오귀스트 라시네 지음 | 이지은 옮김
공예 미술계 불후의 명작을 농축한 한 권

서양 건축의 역사
사토 다쓰키 지음 | 조민경 옮김
서양 건축의 다양한 양식들을 알기 쉽게 해설

세계의 건축
코우다 미노루 외 1인 지음 | 조민경 옮김
세밀한 선화로 표현한 고품격 건축 일러스트 자료집

지중해가 낳은 천재 건축가
-안토니오 가우디
이리에 마사유키 지음 | 김진아 옮김
천재 건축가 가우디의 인생, 그리고 작품

민족의상 1,2
오귀스트 라시네 지음 | 이지은 옮김
시대가 흘렀음에도 화려하고 기품 있는 색감

중세 유럽의 복장
오귀스트 라시네 지음 | 이지은 옮김
특색과 문화가 담긴 고품격 유럽 민족의상 자료집

그림과 사진으로 풀어보는
이상한 나라의 앨리스
구와바라 시게오 지음 | 조민경 옮김
매혹적인 원더랜드의 논리를 완전 해설

그림과 사진으로 풀어보는
알프스 소녀 하이디
지바 가오리 외 지음 | 남지연 옮김
하이디를 통해 살펴보는 19세기 유럽사

영국 귀족의 생활
다나카 료조 지음 | 김상호 옮김
화려함과 고상함의 이면에 자리 잡은 책임과 무게